基督教文化研究丛书

主编 何光沪 高师宁

九编 第 **6** 册

明末吕宋之中西文化交流（下）

肖 音 著

花木兰文化事业有限公司

国家图书馆出版品预行编目资料

明末吕宋之中西文化交流（下）／肖音 著 -- 初版 -- 新北市：
花木兰文化事业有限公司，2023〔民112〕
目 4+142 面；19×26 公分
（基督教文化研究丛书 九编 第 6 册）
ISBN 978-626-344-221-4（精装）
1.CST：天主教 2.CST：文化交流 3.CST：明代 4.CST：中国
5.CST：菲律宾
240.8   111021866

ISBN-978-626-344-221-4

9 786263 442214

基督教文化研究丛书
九编 第六册   ISBN：978-626-344-221-4

明末吕宋之中西文化交流（下）

作 者 肖 音
主 编 何光沪、高师宁
执行主编 张 欣
企 划 北京师范大学基督教文艺研究中心
总 编 辑 杜洁祥
副总编辑 杨嘉乐
编辑主任 许郁翎
编 辑 张雅淋、潘玟静 美术编辑 陈逸婷
出 版 花木兰文化事业有限公司
发 行 人 高小娟
联络地址 台湾235 新北市中和区中安街七二号十三楼
          电话：02-2923-1455／传真：02-2923-1452
网 址 http://www.huamulan.tw 信箱 service@huamulans.com
印 刷 普罗文化出版广告事业
初 版 2023 年 3 月
定 价 九编 20 册（精装）新台币 56,000 元   版权所有 请勿翻印

明末吕宋之中西文化交流（下）

肖音 著

目
次

第五章　中国文化：融合还是排斥?

　　十六世纪末至十七世纪，在美洲白银的诱惑下，每年东南沿海都有众多华人来到菲律宾经商、做工。诚然，明末华人是以经济利益为目的去到菲律宾，但他们在菲律宾西班牙人面前代表着中国的文化，这直接影响到西班牙传教士对华人的态度及其传教策略。中国文化与西方文化在菲律宾并立。虽然西班牙人在菲律宾是殖民统治者，其文化属于当地官方文化，但当地华人数量远超西人，华人文化具有强大的影响力。两种文明在菲岛的共存和对峙中有紧张的冲突，也有相互吸收与融合。究竟十六、十七世纪的西人在菲律宾群岛接触到怎样的中国文化? 他们对中国文化又抱以何种态度，是包容还是排斥? 西方文化在这里多大程度上、以何种形式受到中国文化的影响? 这些是我们接下来要尽力考察的问题。

第一节　明末菲律宾华人的文化生活

　　对于大航海时代的中西交通，以往学界主要将研究的注意力放在明清间中国—菲律宾—墨西哥—西班牙一线的大帆船贸易上，考察往来货物和白银的去向，及其对各国经济乃至世界政治格局的影响。相比明末菲律宾西华间的经济交通的历史记录，这一时期中西文化交流，尤其是中国文化在菲律宾的传播及其影响方面的记述和可资研究的材料较少。这主要归因于去到菲律宾的华人均为普通百姓，他们不是中国文化大传统（士人文化）的代表，仅为赚钱养家的华商和华工，传播中国文化、归化四夷不是他们的使命，因而也就没有华侨著书谈论对西班牙人的看法。然而，有人必有文，明末菲律宾华人将中国文化的小传统——民间文化——带到了菲律宾。明末的菲律宾中西文化交流不仅体现在物质文化、器物的艺术设计和制作技术等方面，更生动地表现在民间信仰、节庆、俗文学、绘画、戏剧、娱乐活动等方面。这从当时的史料及传教士文本中可找到蛛丝马迹。下文将基于上述材料分析明末菲律宾华人文化生活的方方面面（中文书籍、文娱活动及民间信仰）。

一、中文书籍

毋庸置疑，十六、十七世纪的文化传播主要依靠书本。人们的文化生活和文娱活动也不像现今这般多样：除了读书消遣，更多普通民众偏爱听话本、看戏。但这些需要一定的成本和条件，不是任何时间、任何地点都可以采取的娱乐方式。相比之下，读戏本、小说和民间故事汇编则相对容易多了。

十六世纪后半期的中国出版业发生了爆炸性增长[1]，这使普通民众得以更多地接触书本。像科考用书、史书、小说、戏文、医书和生活实用性类书、杂书应百姓的文化生活需求而越来越普及。15 世纪晚期开始，科举应试者数量急剧增长，带来了对考试用书和应试手册的需求。这刺激了坊刻产业化：福建麻沙、建阳一带以书坊为中心，伐木、制版、造纸、制墨、运输等周边服务业也被带动起来，当地农民或从事其他职业的人员在闲时也参与到刻书中来。刻印书籍的成本大大降低，十六世纪末印本书的价格落至十三世纪初的十分之一[2]，因而雕版印刷的书籍超越抄本，成为商业化愈盛的书籍市场的主流产品。[3]当时福建是全国出版中心之一，出版数量多达上千种，占全国出版总数之首位。[4]书坊刻书与售卖合一，刻书中心自然是书籍销售的集散地；泉州作为福建的首府，也是书籍的商业中心，建阳等地生产的图书，很大一部分从泉州销往海外。与当时其他的刻书中心相比，建本书籍印刷质量相对较差，价格上在全国也是最便宜的。[5]

（一）明末菲律宾中文书籍种类

在上述出版大爆炸的历史背景下，中国书籍作为商品出口至菲律宾马尼拉不足为奇。那么十六世纪末、十七世纪初菲律宾流通的中文书籍都有哪些

1　周绍明：《书籍的社会史》，第 61 页。
2　周绍明：《书籍的社会史》，第 22-28 页。
3　周绍明：《书籍的社会史》，第 40-70 页。
4　张秀民：《中国印刷史》，第 266-267 页。
5　缪咏禾：《中国出版通史（明代卷）》，第 180 页。

呢？虽然没有直接的历史记录可以一窥究竟，但从传教士的笔墨中，我们可以探知其组成跟随了当时福建私坊刻书的风向标，是寻常百姓最普遍需要的：童蒙书籍、"四书五经"、纲鉴史书、医书、日常使用的百科全书、小说戏文等俗文学。其中前三项都是准备科举考试相关的书籍，由于参加科举人数日益增多，这类书也成为书籍市场销路最好的。后几类则是日常应用工具书或消遣性的，因其普遍实用性也有不错的市场。其中小说、话本、戏文、词曲、诗文等文学类书，属于集部书籍，此类书籍占建阳书坊刻书的27%。[6]

　　十六世纪末、十七世纪初菲律宾的中文书籍并不稀缺，上述各类书籍在当时的传教士文献中都有其踪。多麻氏在《格物》（306b）中自陈细读过许多中文书籍："且汝中国乃书文之邦，凡有正理，则著之于书，无少遗漏。予亦多方团览，精详考察……"那么西班牙传教士在菲律宾读过哪些中文书籍呢？

　　首先，菲律宾多明我会传教士作者在其作品中均引用《明心宝鉴》《增广贤文》这类同时代的蒙书：黎尼妈引用此类书中语句21处之多（见附录二），高母羡甚至全文翻译了《明心宝鉴》。由此可见明朝流行的童蒙类书对这些用中文传教的西班牙传教士产生了巨大影响，是他们学习中文的启蒙用书。多明我会士的中文著作中经常运用一些《明心宝鉴》和《增广贤文》中收录的俗谚，如：

　　A. 俗云：近朱者赤，近墨者黑，此之谓也。（《僚氏》上卷 102b-4）
此句见于《明心宝鉴》[7]。

　　B. 语云：守口如瓶，防意如城。（《僚氏》上卷 109b）
此句见于《明心宝鉴》[8]和《增广贤文》[9]。

　　C. 况其中之最知觉运动者，则知反哺之义矣，则知跪乳之恩矣，则知君臣夫妇父子之情矣。（《实录》44a-b）

　　D. 羊则有跪乳之恩，鸦有反哺之义。（《格物》10b）
此句见于《增广贤文》[10]。

　　E. 世人知面不知心，他知人知面也知心。（《格物》84a）

6　官文娟：《明代建阳书坊的科考用书》，第 25 页。
7　［明］范立本辑：《明心宝鉴》，第 44 页。
8　［明］范立本辑：《明心宝鉴》，第 111 页。
9　文绍安编：《增广贤文》，第 7 页。
10　文绍安编：《增广贤文》，第 28 页。

原句"画龙画虎难画骨，知人知面不知心"见于《明心宝鉴》[11]和《增广贤文》[12]。

《明心宝鉴》是由明朝人范立本纂辑，成书于明洪武八年至二十六年间（1375-1393），在明末已作为童蒙教育实际使用的教材。[13]《增广贤文》，又名《昔时贤文》，该书名最早见于明朝万历年间戏曲《牡丹亭》，据此可推知该书最迟应写于明万历年间（1573-1620）。[14]在宋明以后的儒学发展史上，蒙学大量出现并对百姓的生活发生了实际的影响，成为中华文化的重要载体，融合了儒、释、道三家的嘉言粹语和思想精华，对当时社会影响大，自然为旅菲华侨所熟悉而介绍给西班牙传教士。

其次，"四书五经"等儒家经典肯定在当时的菲律宾流传。宋、明以后，"四书"取代了"五经"的地位，成为最重要的儒家经典：从1313年开始，"四书"成为官方科举考试的重要依据，宋元重视"四书"的传统一直延续到了明朝。因此，早期多明我会的中文作品中引用最多的中国文献就是"四书"，即《大学》《中庸》《论语》和《孟子》。高母羡的《实录》中对四部经典皆有引用，共计引用《四书》13次，例如：

A. 格物而知至，学问之功，不可已也。（51b）

《大学》：物格而后知至，知至而后意诚，意诚而后心正，心正而后身修，身修而后家齐，家齐而后国治，国治而后天下平。[15]

B. 大明先圣学者有曰："率性之谓道，修道之谓教"。（1a）

《中庸》：天命之谓性，率性之谓道，修道之谓教。[16]

C. 逝者如斯，不舍昼夜。（16b）

《论语·子罕第九》：子在川上曰："逝者如斯夫，不舍昼夜！"[17]

D. "太誓"有云："天视自我民视，天听自我民听，天之视听，皆从于民之视听。"（21b）

《孟子·万章上》："太誓"曰："天视自我民视，天听自我民听。"

11　［明］范立本辑：《明心宝鉴》，第254页。

12　文绍安编：《增广贤文》，第2页。

13　周安邦：《〈明心宝鉴〉研究》，第32页。

14　郭俊峰、张菲洲译评：《增广贤文》，序第1页。

15　［宋］朱熹：《四书章句集注》，第4页。

16　［宋］朱熹：《四书章句集注》，第17页。

17　［春秋］孔子：《论语》，第126页。

此之谓也。[18]（原典出《尚书·周书·泰誓中第二》）

黎尼妈的《僚氏》引用四书约 10 次，例如：

    A. 亦当时时勉励，日新又日新求进，好为善事……（I/96b）

    《大学》：苟日新，日日新，又日新。[19]

    B. 正所谓"道也者，不可须臾离也。"（I/2b）

    《中庸》：道也者，不可须臾离也；可离，非道也。是故君子戒慎乎
           其所不睹，恐惧乎其所不闻。[20]

    C. 人之奉事僚氏，亦犹是也，有者壮力勇于为善，有者倦怠不得致
    至。若知爱惜僚氏，顺僚氏法度，亦得至于天上，即"射不主皮，
    力不同科"之谓也！（I/65a）

    《论语·八佾第三》：子曰："射不主皮，为力不同科，古之道
           也。"[21]

    D. 正所谓"人有鸡犬放，则知求之；有放心，而不知求。"（I/22a）

    《孟子·告子上》：人有鸡犬放，则知求之；有放心，而不知求。[22]

多麻氏的《格物》中引用"四书"共计 10 次，其中包含除《大学》以外的其
他三部经典：

    A. 此事汝唐人不自谓为不知，尚常言曰：人莫不知道，此道视之而
    弗见，听之而弗闻，亦何尝有形声之可验？（105a-b）

    《中庸》：鬼神之为德，其盛矣乎？视之而弗见，听之而弗闻，体物
           而不可遗，使天下之人齐明盛服，以承祭祀。洋洋乎如在
           其上，如在其左右。[23]

    B. 故君子务本，本立而道生。（142b）

    《论语·学而第一》：君子务本，本立而道生。[24]

    C. 故孟子亦有曰："天地之高也，星辰之远也，苟求其故，千岁之
    日至，可坐而致也。"（53a）

18　［战国］孟子：《孟子》，第 206 页。

19　［宋］朱熹：《四书章句集注》，第 5 页。

20　［宋］朱熹：《四书章句集注》，第 17 页。

21　［春秋］孔子：《论语》，第 33 页。

22　［战国］孟子：《孟子》，第 254 页。

23　［宋］朱熹：《四书章句集注》，第 25 页。

24　［春秋］孔子：《论语》，第 2 页。

《孟子·离娄下》：天之高也，星辰之远也，苟求其故，千岁之日至，
　　　　可坐而致也。[25]

　　明朝永乐帝后，科考的"四书五经"必须用朱注的。多明我会士在菲律宾
参考的"四书"很有可能是朱熹集注的版本，鉴于他们对朱熹注释的内容时
有引用，例如：

　　A.《僚氏》：故曰：敬其主，以及其使也。（上卷124）

　　《四书章句集注·论语集注·卷七》：孔子与之坐而问焉，曰："夫
　　　　子何为？"对曰："夫子欲寡其过而未能也。"使者出。
　　　　子曰："使乎！使乎！"

　　朱注：与之坐，敬其主以及其使也。……[26]

　　B.《僚氏》：此正所谓"习于善则善"者也。（下卷98a）

　　《四书章句集注·论语集注·卷九》：子曰："性相近也，习相远
　　　　也。"

　　朱注：此所谓性，兼气质而言者也。气质之性，固有美恶之不同矣。
　　　　然以其初而言，则皆不甚相远也。但习于善则善，习于恶则
　　　　恶，于是始相远耳。[27]

　　除四书外，其他儒家和诸子百家经典，如《周易》《诗经》《孝经》《庄子》
《列子》等也在多明我会士的引用之列，例如：

　　A.《实录》：普天之下，率土之滨，有江海浔之。（29a）

　　B.《格物》：可知普天之下，率土之滨，止有一位真正本主，使汝等
　　　　见识高明。（1b）

　　《诗经·小雅·谷风之什·北山》：溥天之下，莫非王土；率土之滨，
　　　　莫非王臣。[28]

　　C.《实录》：僧答曰：古所云天地性，人为贵，物为贱，固矣。（61a）

　　D.《格物》：故古有言曰："天地性，人为贵。"（64b）

　　《孝经·圣治章第九》：天地之性，人为贵。[29]

25　［战国］孟子：《孟子》，第184页。
26　［宋］朱熹：《四书章句集注》，第155页。
27　［宋］朱熹：《四书章句集注》，第175-176页。
28　［春秋］孔子：《诗经》，第299页。
29　［春秋］曾子、［汉］戴圣：《礼记·孝经》，第248页。

E.《实录》：吾以化生天地、化至万物，为太极之理，主宰而纲维是
　　　　耶。居无事而推行是耶，妙机缄而不可已，妙旋转而不
　　　　能止。是故天其运乎，地其处乎，万物各得其所乎！
　　（25a）

《庄子·外篇·天运第十四》：天其运乎？地其处乎？日月其争于所
　　　　乎？孰主张是？孰维纲是？孰居无事而推行是？[30]

F.《实录》：推此则无极之天主，化成下地形载之物。有生者，有
　　　　生生者，有色者，有色色者，能生之，能死之，能无之，
　　　　循环不已，继赎不绝，随物类之所宜，何有停机耶？
　　（27b-28a）

《列子·天瑞第一》：故有生者，有生生者；有形者，有形形者；
　　　　有声者，有声声者；有色者，有色色者；有味者，有味
　　　　味者。[31]

　　除了童蒙类书、"四书"和百家经典外，在史学方面，可以通过多明我会在菲律宾出版的中文著作考证出：当时的菲律宾还流通着西汉司马迁的《史记》、以北宋司马光《资治通鉴》和朱熹《通鉴纲目》为范本的史籍[32]，及上自盘古、下逮元朝的纲鉴类通史[33]。具体论证见本章第二节。

　　上述童蒙类书、诸子百家和史学经典之所以至明仍非常流行，是因为它们自元朝以来一直作为学童教育的材料。元朝初年，程瑞礼订了一份《读书分年日程》3卷，拟订了学童逐年读书的次序。元政府把这份"日程"颁行郡邑校官，作为模范，明朝也将其奉为圭臬，清朝的陆陇其力推这份"日程"，加以刊刻流传。元、明、清三代的初等教育，实际上和这个"日程"是一致的。这份"日程"规定的教学科目和用书计划是：

　　八岁以前：读《三字经》《百家姓》《千字文》《千家诗》，目的是识
　　　字。或以《性理字训》代《千字文》，又以《童子须知》贴在壁上，

30　［晋］郭象：《庄子》，第223页。

31　佚名：《列子》，第8页。

32　如宋朝刘恕《资治通鉴外纪》、金履祥《资治通鉴前编》、江贽《少微通鉴节要外纪》，元朝陈桱《通鉴续编》，明朝李东阳《历代通鉴纂要》和南轩《通鉴纲目前编》等。

33　如明代张鼐《新镌张太史注释题纲鉴白眉》、钟惺《鼎锓钟伯敬订正资治纲鉴正史大全》、袁黄《鼎锓赵田了凡袁先生编纂古本历史大方纲鉴补》等。

每天记说一段。

八岁至十五岁：先读《小学》，次读《大学》《论语》《孟子》《中庸》《孝经刊误》。

十五岁以后：读《论语集注》《孟子集注》《中庸章句或问》《论语或问》《孟子或问》，次读《易经》《尚书》《诗经》《仪礼》《礼记》《周礼》《春秋经》（并"三传"）。读完"五经"后，每五天之内，用三日读史，二日温习"四书""五经"。读史的次序是先《通鉴》，参看《纲目》；次《史记》《汉书》《唐书》《唐鉴》；再次读"韩文"和"楚辞"。二十岁左右，温习上述书籍，并用二三年时间专门学做文章。[34]

从这份学习日程可以看出，从元至清，蒙书、朱熹注释的"四书"、《孝经》《诗经》《易经》《尚书》《资治通鉴》《通鉴纲目》《史记》等均为学童的必读、必学书目，科举考试也不外乎以这些经典书目为范畴，因此与此相关的出版物必然是最多的。有人考证过明朝福建建阳出版的科考相关书籍种类占总数的 67.11%。[35]因此菲律宾的传教士学习中国语言、了解中国文化也是从这类书籍开始的。

除此以外，明末图书市场还有另一部分比较重要的读者群就是从事商业、手工业和各种杂役的市民。由于业务需要，这一批市民中识字的人比较多，但文化程度不高[36]。针对这部分读者出版的图书包括政府法令、经商用书、文史科技常识、日常生活用书、小说戏曲杂唱、卜筮、情色图书。

高母羡在其 1589 年 7 月 13 日的信件中提到过他在菲律宾马尼拉看到很多伦理道德类、医学类、占星类、历史类、地理类、戏剧类的中文书籍。通过地理方面的书籍，他了解到中国的面积大小、行政区划、官职设置，甚至包括长城和京师北京的相关信息。他强调这些报道都是据他读到的中文书籍，而不是来自欧洲人的通讯报道这类二手资料。[37]此外，多麻氏很有可能在马尼拉读到过明朝法律，他在《格物》中说："汝唐人，虽聪明达理，而律法亦未始尽正。可助人行直道，至为真有福，尚亦多为不法之事，多论非法之理。如罪及妻孥，剿九族。此事，极为不公！有罪当杀凶身，无罪焉可加刑？"（257a）

34 缪咏禾：《中国出版通史（明代卷）》，第 320 页。
35 官文娟：《明代建阳书坊的科考用书》，第 31 页。
36 缪咏禾：《中国出版通史（明代卷）》，第 322-323 页。
37 Cervera 2015, pp.96-97.

"又大明律法，尝禁扶鸾祷圣，假降邪神一款。"（306b）

　　包括剧本、话本、小说、艳情诗集等的民间俗文学是明末市民阶层常用于消遣的读物。高母羡如此描述他见到的中文剧本："有很多剧本，一般是讲战争、人文的历史，荣耀的追逐，法官断案和封疆大吏之故事。还有很多是爱情方面的。有关伦理道德也有很多戏剧。"[38]明末小说题材集中在历史、明朝时事、社会、神魔仙佛和公案这几类。[39]高氏的描述涵盖了除神魔仙佛外的其他小说主题，或许是为了凸显中国文化的高度，有意隐去了中国人"偶像崇拜"的一面。

　　多麻氏在《格物》第三卷中叙述了不少佛教、道教人物的故事并予以批判。有的在明朝已经是收录在文学作品中的神仙事迹，或已经多次被改编为小说、戏曲在民间流传；有的则纯属民间传说、笑话。下文是多麻氏叙述的观音妙善本生故事：

> 又闻中国有一女佛，名曰"观音"，乃皇帝之女，姊妹有三。二姐俱嫁夫，独他贞洁不嫁，自愿欲出家为尼姑食蔬果之类，不以美味适口，不以色欲动心。父王每为之招婿，固执不从。计令宫中侍婢勿承事。仍令其扫舍，炊馔供食待宾。亦从父命，含忍无怨。其贞心无少改易。父望其日悔，嫁夫。谁疑愈苦，而心愈坚。一夜父王欲设斋醮祈安，严令观音做馒头数百。一夜要完，不许人工助之。彼观音是夜有多神鬼齐来助他做馒头，亦助他凡作不能胜其心。一日父王大怒，令人责逐之。他则投入尼姑寺中，日久不回。其父怒尼姑收留他女，令人放火焚灭尼姑寺。众尼姑俱死一尽，唯观音手执杨柳枝端坐，火不能烧。及后父王身发毒疮，臭烂难当，多请医士，莫能疗之。及后女子观音，亲来医疗父疾。不用药石，只自断其臂，流出白血，抹于父身。疮疾即愈。其臂复接原全。故谓之观音，断臂报父情。父王称其得道慈悲，能救苦难，而使人尊敬之也。（《格物》312a-b）

　　自隋唐以来，观音妙善故事就源远流长，以宝卷、戏剧、小说、说唱文学等诸多形式在各地不断改编，呈网状结构发展。观音妙善故事最早记载于北宋元符年间（1098-1100）蒋之奇（1031-1104）的《香山大悲菩萨传》（简称《香山传》）。在该传跋语中，蒋之奇详细描述了该传的创作过程。根据其描述，他

38 Cervera 2015, pp.94-95.
39 缪咏禾：《中国出版通史（明代卷）》，第 127-132 页。

是按照终南山灵感寺古经《香山大悲菩萨传》撰写的《香山传》，而原本是唐朝终南山道宣律师问天神所传灵应神妙之语。[40]可见早在唐朝就有了妙善的故事传说。元朝女书法家管道升书写《观世音菩萨传略》和《观音大士传》，很大程度上丰富了观音妙善故事的情节。明万历《汝州志》就多次提到妙善的故事。明朝《香山宝卷》亦以妙善故事为题材，情节没有什么改动，只是在叙事手法上更加注重情感的渲染。宝卷被民间宗教所利用，成为一种宣传观音崇拜的经典。万历时期以妙善故事为题材的小说《观世音菩萨出身修行南游记》[41]是以《香山宝卷》为蓝本，融合了《西游记》里的一些情节而改编的。明朝《三教源流搜神大全》[42]和《出像增补搜神记》[43]（具体刊印时间不可考）也收录了妙善故事，情节与人名同小说、宝卷和戏剧基本雷同，只是叙述较为简要。除此之外，民间说唱文学中也流传着妙善故事，例如，南方的木鱼书《观音出世》和潮州歌《度三娘》，还有流传于湖南、上海等地的大鼓词唱本《大香山》等。它们的故事内容基本和小说相同。

可见至明朝观音妙善的故事已经非常普及，不只多麻氏对此有过报道，门多萨在其《中华大帝国史》[44]（1585）中引述奥古斯汀会修士拉达的游记[45]也

---

40 周秋良：《观音本生故事戏论疏》，第6页。

41 现存最早的明刻本藏于伦敦大英博物馆。作者题名"南州西大午辰走人"，程国赋、李阳阳考证，"南州西大午辰走人"就是《天妃济世出身传》的作者吴迁。见《〈南海观音菩萨出身修行传〉作者探考》，第181-188页。

42 ［明］佚名：《三教源流搜神大全》。

43 ［明］佚名：《出像增补搜神记》。

44 《中华大帝国史》第一部第二卷第二章："第二个叫 Quanina，她是皇帝 Tzontón 的女儿。皇帝有三个女儿，嫁出两个，在考虑三女儿婚事时，她表示终身不嫁，她说她已向上天发誓，要过圣洁的生活。父王大怒，把她囚禁在一个类似修道院的地方，叫她背水、砍柴、用镐头修整那里的一个果园。中国人讲了她很多有趣的事情，如猴子下山给她帮忙，圣人们帮她挑水，飞禽用嘴帮她打扫果园，走兽下山帮她运柴等。见此，父王以为这是魔法或妖术做的障眼法，实际上，如中国人所说，这的确可能是真的。于是，父王便命令放火烧了三女儿居住的闺房。看到因她的原因住地被烧，她企图用银质发簪自戕，正在这时，天上突降暴雨把火熄灭。见此，她便离开了那里，躲在大山中，潜心修行，过着圣洁的生活。父王对自己女儿犯了罪，遭到报应，患了麻风病，浑身长满蛆虫，医生也没办法。女儿对此有所预感，便前来给他治病，父王认出了她，对自己所做的一切露出极为懊悔的神情，向她祈求原谅并向她敬拜。见此，女儿觉得受之有愧，便在他面前置一圣像，叫他对圣像而不是对她本人膜拜。说完径直返回山间，虔诚修行直至离开凡世。国人把她认作伟大圣徒，求她向上天说情，宽恕他们的罪过，因为他们认为她就住在天上。"见孙家堃译本，第23-24页。

45 ［英］C. R. 博克舍：《十六世纪中国南部纪行》，第217-218页。

曾提及。但多麻氏的叙述应不是从门多萨或拉达的西文翻译过来的，因为他叙述的版本包含一些奥古斯汀会作者们没有提到的细节。

多麻氏还叙述了海上女神妈祖的事迹：

> 又闻汝中国有一女神明，名曰"娘妈"，林姓。生在兴化府，莆田县。有五兄，各撑一船。出海为活。此女自愿不嫁，被嫂数迫之，死亦不从。一日在机织布，倦睡机上，梦魂真见五兄五船载海遇飓风大作，险没。娘两手足各扶船一只，口咬船一只。因嫂出见娘昼寝在机，拍肩唤醒。娘口应声，彼在口一般没矣。乃谓嫂口："某兄一船失矣！"嫂诘其故，从实报知。后果如其言。娘又被嫂迫勒嫁夫，不从溺水而死。至当朝三宝欲和番，船泊是澳，将起碇时，碇重难起，令人入水探之，见一妇人坐在碇上，自称娘妈，欲扶三宝同往和番。后来平善船回。永乐皇帝见其有功，乃封之为天妃，令行船者均祀之以求庇。（《格物》308b-309a）

早在宋朝志怪文言小说集《夷坚志》中，就有记载天妃灵异的故事。明英宗朱祁镇在朱棣编修《道藏》的基础上，继续编纂《正统道藏》，并于英宗正统十年（1445）完成。其中的《太上老君说天妃救苦灵验经》将天妃置入道教仙道体系，说妈祖是太上老君"令妙行玉女降生人间，救民疾苦"，并第一次提到了天妃的出生年月及其卒年。明朝时期另一本宗教书籍《三教源流搜神大全》中叙述了天妃梦中救自己的兄弟手足的故事。这一故事情节后被明朝南州散人吴还初（吴迁）的《天妃娘妈传》[46]小说所吸收改编。多麻氏提及的大部分事迹见于《三教源流搜神大全》和《天妃娘妈传》，应是参考了当时流行的妈祖相关小说和民间传说。

门多萨《中华大帝国史》中[47]也讲到娘妈的故事。他在拉达的简单介绍

46　[明]吴迁编：《天妃娘妈传（天妃济世出身传）》。

47　《中华大帝国史》第一部第二卷第一章："第三个，国人认为她是呈女，名叫 Neoma 是因为中国的一个叫作 Compo 的船长去邻国打仗，他的船原停泊在一个叫作 Buym 的地方。当他要出发的时候，却怎么也不能起锚。战士们十分吃惊地看到 Neoma 坐在锚上。船长来到她的面前，谦卑地对她说他奉皇帝指令前去打仗，如果这场战争是神圣的，请她多多指教。她回答说，如果他想战胜敌人，就要把她一起带去。船长从命，便把她带到他去打仗的那个国家。那个国家的人深谙巫术，他们把油脂倒进大海，使战船好像着火一样。Neoma 也同样这样做，破了他们的巫术。中国人毛发无伤。敌对国的臣民见此，心悦诚服地向中国皇帝称臣。船长是个有理性的人，认为这是件怪事，但又是事实，为了进一步了解，便对她说，

基础上，增添了娘妈坐在郑和下西洋的锚上之神迹，与多麻氏后半段的叙述无两。这一传说很可能是他在拉达购得的书中看到的：门多萨提到这批书单中就有关于中国神明故事的书。[48]这一情节既不见于《天妃娘妈传》，也不见于明朝小说家罗懋登的《三宝太监西洋记》，但十六世纪末一定在东南沿海盛行。

多麻氏还讲了关于释迦和弥勒来到中国的经过和二人斗法的故事，此事毫无历史依据，流传下来的文学作品中也未见相关情节，应为当时流行的民间话本或唱本内容：

> 又闻汝国有释伽、弥勒二神。斯二者，乃西方天竺国人也。二人俱
> 欲到中国，使人敬事之为尊神。二人将起程时，有约曰：释迦从海
> 行，弥勒从路行。若先到者，则为尊。不想弥勒赶路来先到，疑以
> 前殿为尊，乃坐位于此。释迦后到，则坐位于后殿。人皆敬之为尊。
> 彼弥勒执前约曰：欲以先到为尊。释迦不逊其位。二比争竞，乃复
> 约曰："此有二株铁树，各置在前。如能开花者，则许之为尊。"
> 其弥勒之铁树，果能开花。弥勒欢喜，大笑眼合，忘其所以。释迦
> 计将铁树盗换于前。二比再竞争位。弥勒被释迦斥骂，姑与之为尊。
> 今于庙宇现有此二神像。弥勒在前殿，人轻失之。释迦在后殿，人
> 重敬之。和尚以之为本师教主。（《格物》307b-308a）

除小说、剧本，当时菲律宾还流传着其他的文学类书籍。黎尼妈在其《僚氏》中提到过中国人的淫秽诗集："人或有招引他人为奸事，或与人言淫秽之事，或读《十八娇》淫秽诗词以动人之欲心否？"（上卷34b）若不是菲律宾华人中流传着这本诗集，黎尼妈怎么可能确切地指出书名呢？另外，多明我会士的中文刻本中偶尔引用到苏轼等名士诗文，据此可推测当时传教士在菲律宾还接触到一些名家作品集（见附录二）。

综上，菲律宾传教士的作品中提到了很多他们在菲律宾读到的中文书籍，涵盖了当时福建书坊出版业最主要的书籍种类：科考用书、医书、生活常识类书籍和俗文学。

为了向皇帝表明她的神圣，请她把他手中的枯木棒变绿，如成功，就拜她为圣。
她不仅一下把枯木棒变绿，还使它香气四溢。船长把绿木棒挂在船尾，结果航行
一切顺利，他把这归功于木棒的法力。所以直到现在他们还把她的像挂在船尾，
尊她为圣女，出海前常向她祈祷膜拜，向她献祭。"见孙家堃译本，第24页。
48 Folch 2018, p.16.

(二) 明末菲律宾中文书籍来源

菲岛的多明我会传教士接触到的中文书籍是从何种渠道获得的呢? 是到访中国的西班牙人在中国本土购得的, 还是华商带到菲律宾的呢?

1575 年奥古斯汀会士拉达从菲律宾出使中国, 据其自述和同行者马林神父的叙述, 他在中国购买了大量书籍带回了菲律宾, 而且请求菲岛的华人翻译了大部分。[49]门多萨的《中华大帝国史》亦复述了其书单囊括的图书门类。[50]关于这批中国书的下落, 门多萨说: "所有有关上述内容的书籍都由拉达神父及其同伴带到这里 (指墨西哥), 我已经说过, 本史书使用了或将要使用这些书籍中所记载的内容。拉达神父带来的书籍均由在中国出生、在菲律宾长大的中国人译成卡斯蒂利亚语, 翻译工作受到生活在菲律宾的西班牙人的大力帮助。"[51]这一信息使我们相信, 这批书应该从菲律宾被转移到了美洲。而且奇怪的是, 拉达的书单里竟然没有 "四书五经" 之类的经典。[52]而多明我会士的中文著作, 包括《辩证教真传实录》《格物穷理便览》和《僚氏正教便览》均大量引用朱熹集注版的 "四书"。

在多麻氏发表《格物》的 1607 年之前, 多明我会有六次从菲律宾去中国的失败尝试: 不是因为海难未达目的, 就是在中国身陷囹圄后被遣返, 一些甚至未返回菲律宾, 而是取道印度回到西班牙, 史书中也未提及贝纳比德斯、甘督约或阿杜阿特等这一时期曾赴华的菲岛多明我会神父带回任何中国的书籍。[53]

菲律宾主教萨拉萨尔在其 1590 年 6 月 24 日的信中谈到高母羡翻译《明心宝鉴》一书, 他说这本《明心宝鉴》是 "(华人) 从中国给他带来的书中的一本。这种交流已经在他们与我们中开始了, 这对我们想要实现的事情是个不错的开始"[54]。他说的 "这种交流" 应该指的是包括书籍流通在内的中西文化交流。

另据雷塔纳的菲律宾史研究, 《印地亚档案》中有一份 1606 年 5 月 27 日的马尼拉市档案, 题为 "(1603 年) 起义后的涧内中国市场中的房屋、店铺登记信息" (Testimonio de una información sobre las habitaciones y tiendas que

---

49 Folch 2018, pp.9-18.
50 (西) 门多萨:《中华大帝国史》, 第 79 页。
51 (西) 门多萨:《中华大帝国史》, 第 80 页。
52 Folch 2018, p.17.
53 González, pp.33-43.
54 Cervera 2015, p.119.

se an hecho en el Parian de los Sangleyes después del alzamiento），其中提到一位来自 Quioctan 的名叫 Zunhu 的中国书商。[55]说明十七世纪初的华人市场中已有书店。

综上，菲律宾的多明我会参考的中国史籍更大可能是由华人从大陆带来。明末出版业已成为一种产业，书籍的商品化和印本书的崛起使明末出版物出口菲律宾成为可能。早在西人刚刚征服菲岛的十六世纪七十年代，菲律宾还见不到什么中国书籍，否则奥古斯汀会修士拉达也不会趁出访中国期间大量购置中文书籍。但至迟到了十六世纪末，中国出版物已开始作为一种商品出口至菲律宾。书籍出口一开始可能是应西班牙传教士的要求；随着当地华人越来越多，十七世纪初马尼拉的中国市场就已有华人经营书店，一方面满足当地华侨的文化需求，另一方面也给西班牙传教士打开一扇了解中国文化的窗口。

华侨在明末的菲律宾中西文化交流中扮演着重要的角色。十六世纪末、十七世纪初，菲岛的华人中有准备过科举考试的读书人，为中国文化传入东南亚（具体来说，将福建的出版物出口至菲律宾）做出了贡献。他们对西班牙多明我会士的汉学研究起到了引导、帮助的作用。当时中国最流行的史学经典、科考必备的纲鉴类史书和其他中国的出版物一起，作为商品被华商出口至菲律宾马尼拉，从而使菲岛的西班牙传教士得以深入地了解中国的历史和文化。

二、文娱活动

早在十六世纪末，菲律宾华人就已经开始在节日里上演戏剧了。根据多明我会会史作者阿杜阿特的记载，1592 年马尼拉懂中文的传教士高母羡向官方报告说：中国人年节上演的戏码充满偶像崇拜和迷信成分。之前西班牙人也纷纷赶去观看，虽然听不懂，但喜欢看生动的表演动作。自此，萨尔瓦爹拉神父（P. Salvatierra，代主教）还发出一道禁令，禁止节庆公开演戏，禁止西班牙人去看戏。为此西班牙人深感遗憾。[56]

高母羡本人非常细致生动地描述了他曾亲自"看过他们表演"的两部戏剧：

> 一部是批判吃吃喝喝和酒肉朋友的。表现了一个男人娶了一位非常忠诚而正直的女人。这个男人有一个可怜的穷弟弟，弟弟因为贫穷

---

55 Retana 1911, p.49.
56 Villarroel, p.10; Ocio, p.50.

一直寄住在他家里。丈夫总是出门赴宴大醉而归，因而妻子多次劝谏丈夫远离坏朋党，眷顾亲弟。但他不愿悔改，亦不信服与弟弟的友爱更牢靠。妻子杀了一条大狗，并给死狗穿上人的衣服，放在自家大门口，狗血淌了一地。夜晚丈夫醉归，进门时看到了那堆尸休。他慌乱地去找自己的妻子，妻子让他相信是他杀了人，并叫他藏起来，还让他去找他的朋友们帮忙。他们也和他一样吓坏了，连门都不愿意给他开。他很伤心地回到家，在妻子的劝导下（之前他嫌弃了弟弟，以为这回弟弟会趁机报复），他不得不让她去叫弟弟，而弟弟立马悄悄赶来，毫不含糊，三人一齐将死狗埋葬，兄弟俩还以为那是死人。这事让丈夫相信酒肉朋友不是真朋友，夫妻手足之情才是真的，于是他改过了。

批判自负的另一部戏表现了两个劫匪渐渐攻城略地，两人互相协助，掌控了大城市和王国。他们都想唯我独尊，结果却在激战中两人都死了。

这种类型的劝世作品他们演得很多，演出时穿着宽袍大袖的戏服。

往往一整天演一部巨长的戏：唱念做打，样样俱全。[57]

高母羡不仅生动地描述了两部他看过的中国戏剧，及演戏的服装、动作、时长等形式，还指出中国戏剧具有劝世作用。

高氏提到的第一部剧作，无疑是南戏《杀狗记》，作者是明初徐畛。元杂剧有肖德祥的《杀狗劝夫》，本事相同。一般认为今存《杀狗记》是徐畛根据杂剧改编，后来又经过冯梦龙（1574-1646）加工润饰的。[58]《杀狗记》现存明朝汲古阁刻本。汲古阁创建者明末毛晋（1599-1659）所辑《六十种曲》中也收录该剧。至于高母羡所描述的第二部剧作，因情节交代过于简略，没有突出特色的细节，因而具体是哪部剧，现今是否有刻本流传就无从可考了。

多麻氏在《格物》第三卷第三章中叙述的有关仙佛事迹，基本都出自戏剧与小说的内容。很可能在当时的菲律宾华人社区，每逢观音、妈祖等神佛的祭祀节日，或遇丧葬仪典，就会请戏班上演娱神戏。

郭英德指出在中国古代，"一切官方的或民间的宗教活动，几乎都和戏曲演出形影不离。对古代中国人而言，演戏最主要的功用还是在节庆中表达对神

---

57 Cervera 2015, pp.95-96.

58 ［明］徐畛：《杀狗记》，第 1 页。

的敬意"[59]。戏曲演出较之讲经说法更容易吸引人、打动人，具有更强的宗教宣传功能。因此，在民间，逢节令和喜丧往往会上演娱神戏。娱神戏具有很强的祭祀仪式功能，且这种仪式与死亡、魂灵超度有关。[60]范德龙认为目连、观音戏中那些"触目惊心的动作是用来消除社区的邪祟，挥扫疫疠的威胁，并安抚惨死、冤死的鬼魂。看似装饰的、额外的、穿插的喜剧成分，其实是仪式中不可或缺的部分。因此这些演出不可被视为是原来情节上的附加物。相反地，戏剧的故事只是为这些表演提供一方便的架构，而这些表演其实是可以脱离故事而独立出现的"[61]。

以多麻氏所述观音妙善本生故事为例，除了宝卷、小说等文学形式，还有相关的戏剧、唱本。基于多麻氏的描述，他很可能是通过民间仪式剧了解到的观音妙善故事。现存富春堂刊刻的《香山记》大约是在万历二十六年（1598）前后问世，作者为罗懋登。根据周秋良的研究，该剧本中"有大量带仪式功能的内容，表明该剧本是一个从宗教仪式向戏剧转换的典型文本。可以说，妙善故事戏剧的出现是宝卷道场仪式与戏剧表演相拼凑的结果。故事情节基本上是根据宝卷的内容进行"[62]。剧本的情节和表演包含了活祭仪式、超度仪式、宣经仪式和参佛仪式。另据周秋良的考证，泉州傀儡戏《观音修行》保留了一些早期妙善故事的细节，是比较古老的本子。[63]而菲律宾当时的华人多来自漳州、泉州一带，因而他们当时在马尼拉所排演的观音本生故事戏很可能与泉州傀儡戏有关联。

高氏对中国乐器的报道也从侧面反映出当时菲律宾华人年节及婚丧期间并没有简化民间礼乐仪式：

> 他们懂音乐，不是以我们的方式：他们的音乐没有节拍；他们有的乐器同我们的一般音色，尽管制作工艺不同。他们有类似于卡斯蒂利亚的笛号的乐器（chirimía）。[64]他们没有四重奏，只有单声部齐奏，声音很像风笛声（gaita）。他们有四弦的比维拉琴（vihuela），比

---

59 郭英德：《世俗的祭礼——中国戏剧宗教精神》，第 167 页。

60 周秋良：《明刊本〈香山记〉的剧本形态及演出特征》，第 182 页。

61 龙彼得（Piet Van der Loon）：《中国戏剧源于宗教仪典考》（Les origines rituelles du théâtre chinois），台北：中国文学论著译业，1985。见郭英德：《世俗的祭礼》，第 177 页。

62 周秋良：《观音本生故事戏论疏》，第 17 页。

63 周秋良：《观音本生故事戏论疏》，第 197-198 页。

64 文艺复兴时期欧洲乐器，类似于中国的唢呐。

我们的要长一些，弹奏不靠弦枕，这种乐器非常多见，很多人都会弹。他们还有类似于卡斯蒂利亚的小鼓（atabal）及他们特有的乐器——由一些小板子和铃铛组成（疑为钟磬）。他们有几乎和卡斯蒂利亚一模一样的串铃（sonajas）：一边糊有羊皮纸，形成铃鼓的形状，用来敲击。

高氏一生中没有去过中国本土，却能对中国乐器做出如此细致的介绍和评价，显然是在菲律宾亲眼见过这些中国乐器。而且他还说四弦的比维拉琴非常多见、很多中国人都会弹，可见乐器在1589年的菲律宾并不稀有。如果他所描述的小板子和铃铛组成的乐器真的是钟磬，那么可以想见菲律宾当地华人在年节期间举行的仪式和上演的戏剧配乐应是相当有震撼力的。

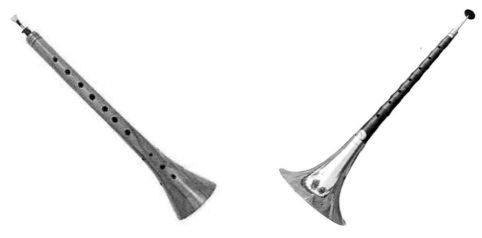

图 5.1　笛号（chirimía）　　　　　　　图 5.2　唢呐

图 5.3　d 风笛（gaita）

图 5.4　笙

图 5.5　比维拉琴　　　　　图 5.6　琵琶　　　　　图 5.7　阮
（vihuela）

图 5.8　编钟　　　　　　　　　图 5.9　编磬

图 5.10　小鼓（atabal）

图 5.11　铃鼓（pandero）

除了中国的传统节日和宗教节庆以外，菲律宾当地华人——尤其是受洗的基督教徒——也积极地参与到西班牙的宗教节日及庆祝活动中来。根据基督教义和天主教会的规定，节日期间工作是有罪的，必须参加弥撒。《基督教义》（28a-29a）和《僚氏》（上卷 46b-47b）中均开列了中国基督徒一年中必须参加的节日弥撒，下文摘自《基督教义》，《僚氏》相关文本基本相同：

> 凡众濂水人（基督徒），礼拜并好日须宜看绵卅（弥撒）完全。如遇礼拜好日，不看绵卅有罪。虽来看若不至完，其罪同。
>
> ……
>
> 开具一年众好日合该看绵卅，如违有罪：
>
> 西士奇尼实道（耶稣基督）出世好日（圣诞节）
>
> 做新年好日是共西士表名好日
>
> 三位皇帝好日（三王朝圣节）
>
> 迎西士奇尼实道在沙胶览民厨（Sacramento，圣礼）好日（基督领洗日）
>
> 山礁妈厘哑（Santa María，圣母马利亚）送子往礼拜做民尼踏（Bendita，祝福）蜡烛好日（圣烛节）
>
> 山礁妈厘哑出世好日
>
> 山礁妈厘哑受孕好日
>
> 山礁妈厘哑上天好日
>
> 山敝罗（San Pedro，圣彼得）山嗒罗（San Pablo，圣保罗）好日。已上此等好日，合该看绵卅。不可作工夫，求利与犯礼拜日同罪。其余虽是好日，不合该看绵卅，亦可作工夫。人若自愿要看绵卅，更好，更有所益。若不看，亦无罪。人或疾病，或伏事病人，不得身离。或遇远礼拜，虽是好日，不有绵卅无罪。

从上文开列的节日表单来看，宗教节日非常多，对华人教徒参加弥撒的要求也颇严格。除此以外，根据历史档案，菲律宾马尼拉在十六、十七世纪之交陆续开始庆祝以下基督教主保节日[65]：

圣安德列斯（San Andrés）	自 1587 年
圣波登西安娜（Santa Potenciana）	自 1587 年
耶稣圣体节及八日祭（Corpus Christi y su Octava）	自 1594 年
圣地亚哥（Santiago，西班牙的使徒主保）	自 1595 年
圣波利卡博（San Policarpo，1601 年被定为城市主保）	自 1603 年
圣雷蒙德（San Raimondo）	自 1606 年
圣安东（San Antón）	自 1609 年
圣方济各（San Francisco）	自 1609 年

上述基督教主保节日中，圣安德列斯节是马尼拉市最重要的，花费也最多。根据 1592-1613 年的一份节日花费清单来看，仅圣安德列斯节就占去总花费的60%之多。接下来是圣体节和圣波登西安娜节，共占 25%。圣安德列斯节是为了纪念 1574 年西班牙人抗击中国海盗林凤，成功保卫马尼拉市，在每年 11 月30 日举行。这一天除了旌旗游行，还有舞会、晚会、宴会等庆祝形式，到了十七世纪末，这项节日中还出现了斗牛活动。[66]《东西洋考》中有一段记述似为菲岛斗牛的讹传："国人每值死日，夷僧为摽牛厌之。摽牛者，栅木为场，置牛数十头于中环射之。牛叫掷死，以此逐鬼云。"每年 5 月 19 日马尼拉市庆祝圣波登西安娜节。这一节日是为纪念西班牙人 1571 年占领该市。[67]

殖民地当局热衷于组织宗教节庆活动是为了加深殖民地人民的宗教情节，向其他民族传播天主教文化，显示西班牙文化的丰富多彩和优越性。仍有另一些行政性的庆祝活动，则宣示了殖民当局对皇室的忠诚，同时在菲律宾的东方居民面前彰显西班牙政权作为菲律宾统治者的强大威严。每当皇室婚礼、王室成员去世或诞生的消息到达马尼拉，或新的总督就任，都会举办庆祝仪式，包括敲钟、教堂仪式和募捐、彩灯、燃放烟花爆竹、盛装游行、宴会、假面舞会、比武。另据印地亚斯档案，受中国人的影响，十七世纪下半叶，西班牙人也开始在节庆期间上演戏剧。[68]

---

65 Alva Rodríguez, p.106.
66 张燮：《东西洋考》，第 93 页。
67 Alva Rodríguez, pp.112-115.
68 Alva Rodríguez, pp.118-121.

节日前装饰街道和广场的大部分准备工作由土著、混血和华人完成：华人不仅从中国运来节庆需要的蜡、烟花爆竹等物贩卖给西人，还为游行绘制巨幅画作、雕刻所需的雕像、制作旌旗、筹备宴会。节庆的部分资金也来自涧内华人。很多基督徒华人参加到节日游行中去，更多没有参加游行的非基督徒华人在一旁围观。[69]庆祝节日的花费约占马尼拉市政府总支出的三成之多。[70]可想而知围绕节日的各种准备、仪式和娱乐活动是马尼拉居民生活的重要组成部分。

可见，十六、十七世纪菲律宾华人的文化娱乐活动比较丰富，既有中国本土佛道教的节日，也有西班牙人举办的基督教节日和皇室大事庆祝活动。除了节庆的娱乐外，华人还热衷于牌戏，甚至于为了打牌给马尼拉市政府或管事的西人缴纳额外的费用。[71]

三、民间信仰

明末菲律宾华侨虽然身在海外，却没有放弃中国的民间信仰，依然供奉各种偶像、牌位，庆祝宗教节日，开展各种宗教活动。这在高母羡和多麻氏的作品中有诸多反映。

首先，中国人敬天祭祖的习俗在十六世纪末就已出现在菲律宾马尼拉。高母羡在其信中说：

> 若论法律，这个民族基本没有什么律法，还好他们懂得祭祀。他们的神位供奉一些偶像。据他们说那些牌位曾经是人，他们讲了关于这些人的很多值得称道的事情，他们说他们不是把那些人当作神来祭拜，而是当作天堂里的朋友。他们很确定天堂是存在的。他们说"阴阳不测之谓神"，因而他们求我们什么事的时候就说："天地良心！"[72]

多麻氏在《格物》中也提到了中国人的天地崇拜："又汝中国有一说天地为夫妇，阴阳交感，生育万物。故汝华人每呼天地庇佑诸情，特此根源，诚能俾人易晓。"（310b）

多麻氏还在《格物》第三卷第三章中批评了中国民间信仰崇拜的诸多偶

---

69 Alva Rodríguez, pp.109-116. Sanz, p.279.
70 Alva Rodríguez, p.103.
71 Alva Rodríguez, p.50.
72 Cervera 2015, p.98.

像，其中佛教神祇包括释迦、弥勒和观音，道家提到妈祖（见上引文）、张天师、城隍、赵元帅等。上文中已提到多麻氏讲述的佛教神祇和妈祖的故事，并分析了其文学上的渊源。下面对这些中国本土宗教道教的神祇做一历史背景的介绍。

妈祖（或"娘妈""天妃"）是中国民间最重要的海上女神。北起鸭绿江口，南迄广州湾，人们无不供奉着这位女神。尤其是闽、台及广东潮汕地区，由于海上渔业和商贸活动繁忙，人们对妈祖非常信奉。中国沿海地区随着侨民的扩散，天后在中国台湾、日本和东南亚等地也有设庙祀奉的。妈祖的出生地莆田县在泉州港附近，唐和五代本属泉州，自唐即为中国南方对外通商的重要口岸，至宋时对外贸易日益发达。海上贸易的兴旺与林默某些灵异气质相结合，使保佑蕃舶的海上女神应运而生，表现了东南沿海人们热切期盼万里安澜、一路顺风的心理需求。明朝谢肇制说："闽郡中及海岸大石皆有其祠。而贩海不逞之徒，往来恒赛祭焉，香火日盛，金碧辉煌。"[73]据《古今图书集成·海神部汇考》，汉时只是祀海，没有提到祀海神。到唐玄宗天宝十载始封四海之神为王。宋徽宗宣和五年（1123），才把南海之神附着到具体人物林默的身上。又经过历代加封，到了南宋，才由一个民间祀奉的"通贤灵女"，抬高为"夫人"，后来又进爵为"妃"。元朝我国海外贸易较宋朝更为繁荣，当时的泉州港被马可·波罗赞叹为世界上最大海港。较之海外贸易，更为牵动元朝帝王的神经、迫使他们不得不虔诚祝祷于海神之前的是漕运。保证粮食北调，是国脉所系的大事。元灭宋不久即册封林默为"护国明着天妃"。由"妃"而"天妃"，神的地位又上升了一步。明朝洪武五年（1372），首次敕封妈祖为"圣妃"，至明末共封号五次。郑和的远航也与天妃结下了不解之缘。在他看来，历遭惊险能够顺利完成使命，"皆神之助也"。因而他对天妃一贯尊奉备至，多次奏请于朝廷，在南京、泉州、长乐等地重建、翻新、兴建天后宫，加封神号、刻立纪年碑。[74]

---

73 高梁：《〈天妃娘妈传〉故事源流考》，第141页。

74 永乐五年，郑和第一次航海归来，"言神多感应"，明成祖"遣太常寺少卿朱悼祭告"。同年，泉州天妃宫也是郑和奏请重新其庙。永乐七年（1409），郑和往西洋水途适遇狂风，祷神求庇，遂得安全。"归奏上，奉旨差官致祭"，郑和自己也奉旨诣循山致祭，加封"护国庇民妙灵昭应弘仁普济天妃"。永乐十年（1412），郑和鉴于舟师累驻长乐南山，伺风开洋，乃奏建天妃行宫于斯，以为官军祈报之所。永乐十四年（1416），郑和第四次航海归来，明成祖特御制《弘仁普济天妃宫之碑》，竖立于天妃宫前，以彰灵贶。永乐十七年（1419），郑和第五次远航归来，

关于道家的其他神仙，如张天师、赵元帅、城隍等，多麻氏亦有提及：

> 予既解此正教中变化发见之情，想汝等必欲与我辩曰：我中华之邦，亦有许多变化发见之事。我江西省广信府，有一张天师，世世子孙授职，斯人得道神通，腾云驾雾，往返便在眼前。能升天问报消息，能除邪魔妖怪。圣上用之祷祝，每每有验。
>
> 前朝人民困苦，他能点石成金以赈济之。于是桂溪县一县钱粮，准支为月俸。及年久，有大臣启奏，说那天师，没有大功，奚宜得此重禄？欲取回钱粮，不许侵支。圣上遇夜御笔，书"召天师"三字，焚于烛火。瞬息之间，天师果然乘云而至。圣上择日设斋，令召始祖果来。又令之召一天将，名曰"玄坛"。此将便降。帝见其形高大，其色深黑。帝心惊动，乃封职平肩。于是天玉印被玄坛夺去。今欲用印，须召玄坛请降。
>
> 至当朝嘉靖年间，又被奏追俸。圣上召至，赐茶两盏，试他如何承接。谁想天师时有南靖县城隍，伺候直日，天师先接一盏茶与城隍接着，然后复接一盏，故不致失礼。帝问其故，天师将实情告知。帝遂赠南靖县城隍加一道敕。帝又令开窨于密地，藏兵众于内，噪鼓喧闹，谎为妖邪。令天师治之。师治不退，乃启圣上曰："此乃人也！治鬼不治人。"帝令之曰："若是人，汝亦治之。"天师展法，用一术治之。那兵众悉灭于窨。是时京师大疫遍行，人民多死。帝令设醮禳之。天师书符数万亿张，启玄坛一印供透，分与人家镇押。有符者，瘟疫不作；无符者人口多失。于是圣上复赐原俸，用之每年设醮，以保安天下。此亦乃变化发见之事也！（298b-299b）

天师道（又称正一道）先为汉末张陵创立于巴蜀一带的五斗米道，魏晋时演

明成祖重建天妃宫于南京凤仪门外。一直到郑和最后一次下西洋，他还沿途整修了太仓天妃宫和福建天妃行宫。大明宣德六年（1431），他在太仓刘家港天妃宫立了《通番事迹》石刻，又在长乐县南山天妃行宫立了《天妃灵应之记》石碑。两块石碑均提到天妃显灵天灯引路的事迹。

《娄东刘家港天妃宫石刻通番事迹记》："观夫鲸渡接天，浩浩无涯，或烟雾之溟蒙，或风浪之崔嵬，海洋之状，变态无时。而我之云帆高张，昼夜星驰，非仗神功，曷能康济。直有险阻，一称神号，感应如响，即有神灯烛于帆樯，灵光一临，则变险为夷，舟师恬然，咸保无虞，此神功之大概也。"

《天妃灵应之记》碑："溟渤之间，或遇风涛，即有神灯烛于帆樯，灵光一临，则变险为夷，虽在颠连，亦保无虞。"

为天师道。[75]第四代"张天师"张盛从川陕一带迁居江西贵溪龙虎山,该山遂成为正一派中心。教派的道观与教团主要分布在南方。多麻氏提到的"广信府"是明清时期江西的行政区划名,贵溪在其管辖之下。天师道教团领袖世袭,因而都称"张天师"。科仪斋醮乃正一道士之本业,凡去病驱邪,求晴祈雨,邀福求子,作寿行丧,皆延请道士设斋建醮。明朝帝王滥行斋醮原本于民间之习惯,故明朝道教斋醮活动参与人们的生产、社会生活、家庭生活,所以明朝道教的宗教生活进一步世俗化、商业化,道士职业化,占人口总数相当的比例。[76]

　　引文中还提及了道教神祇"玄坛",即民间崇拜的神仙"赵元帅"。明朝神仙传记《三教源流搜神大全》中有相关记述[77],南京富春堂梓行的原本《出像增补搜神记》亦袭之。在民间传说中这位神祇与正一派天师道有着密切的渊源:是天师道的守卫神,享有"正一"称号,镇守正一派的圣山龙虎山。

　　引文中提到的另一道教神祇"城隍"神相当于神界的地方官吏,是与政治生活联系密切的道教信仰。据《陔余丛考》第三十五卷,"城隍之祀,盖始于六朝也,至唐则渐遍。宋时已入祀典,其祠遍天下"。《水东日记》第三十卷云:"我朝(明朝)洪武元年(1368),诏封天下城隍神,在应天府者以帝,在开封、临濠、太平府、和、滁二州者以王,在凡府州县者以公以侯以伯……"[78]

　　《格物》中涉及的张天师神通为皇家祈福禳灾,得到皇上经济上的宠遇,甚至干涉中央政权等事皆以真实历史为背景。至于玄坛夺印、献茶城隍、灭兵于窦等情节皆流于荒诞,应该是民间传说的内容。多麻氏所谓"圣上用之祷祝,每每有验",反映了元朝统治者扶植天师道的事实。由于天师道祈福禳灾的符箓派特点与蒙古族世奉的萨满教比较相近,再加上蒙元前期北方全真道发展过于迅速,在群众中的影响过大,引起元室猜忌,从元世祖夺取江南开始,元世祖渐次把扶植道教的重点转向正一道,因而这一教派的发展后来居上,超过了包括全真道在内的其余各派。[79]明朝统治者更是广设斋醮、恩宠道士。明初洪武年间即始,明太祖朱元璋以为张天师可上达于天,凡大祀典皆使主之。多麻氏文中还提到明朝嘉靖皇帝(明世宗)。这位前朝皇帝继位之初既滥行斋醮,事无大小,系请于神,不验则请之再三,有验则行大醮以谢神佑,"不斋

75　任继愈主编:《中国道教史》,第31-42页。
76　任继愈主编:《中国道教史》,第605-613页。
77　[明]佚名:《三教源流搜神大全》,第38页。
78　任继愈主编:《中国道教史》,第597-605页。
79　卿希泰主编:《中国道教史》(第3卷),第281-286页。

则醮，月无虚日"[80]。嘉靖二十一年（1542）宫婢之变以后嘉靖帝移居西内永寿宫，"不复视朝，唯日夕事斋醮"。嘉靖三十五年（1556），皇帝封其父、其母并自封为道教天神。直到明末，天下大乱，崇祯帝万历还以正一真人扈从临雍，广设斋醮，虔求神佑。

中国道家神祇众多，多麻氏批评的对象是与东南沿海人民生活最息息相关的：保佑出海安全的海上女神妈祖和专司祈福禳灾的正一道张天师。由此可以想见当时菲律宾华人中存在各式各样的宗教活动：奉祀妈祖等道教神祇和观音、弥勒、释迦等佛教神祇，请道士祈福禳灾或使用灵符护佑，在宗教节日期间上演一些仙佛题材的宗教剧等。中国民间信仰不重宗教理论，而是强调因果报应、劝人向善。信众一般抱着功利目的进香拜神，唯求灵验。宗教剧、唱本及宝卷等记述的神佛故事多奇异荒诞，因而被西班牙传教士视为迷信邪说。

《格物》中还提到华人巫医："又有尪姨之类，有病者用银几厘之末数，送之为工觅，他则敲座请神下降，摇头舞脚，状如痴醉，称系冲犯某神，命请师巫，用肉小许、纸钱几贯，发以禳之。"（310a）上文描述不像是多麻氏从书本中得来，而是亲见华人中确有此类巫医做法。多麻氏在撰写《格物》时尚未去过中国本土，因而他肯定是在菲律宾见到的这类民间迷信活动。这从侧面佐证了：十六世纪末、十七世纪初的菲律宾华人中存在丰富的民间信仰活动。

当然，除了中国本土的民间信仰，西班牙传教士在菲律宾不遗余力地向当地华人传播天主教，很多华人——尤其是长期定居菲律宾的华侨——皈依天主教。其中有些是为了获得西班牙殖民当局的政策优惠。马尼拉汤都区是最早的基督徒华人聚居区。1589 年前后汤都区和涧内附近均建起教堂，方便信徒参加弥撒。[81]

第二节　早期多明我会士对中国历史的探考及其参考的中外文献

1587 年至 1612 年在菲律宾对华传教的西班牙多明我会士表现出研究中国历史、宗教、哲学和科技的浓厚兴趣。自十三世纪修会建立之初，该修会成

80　任继愈主编：《中国道教史》，第 588-597 页。
81　Sanz, pp.161-162.

员就多饱学之士。而十六世纪末、十七世纪初赴西班牙殖民地菲律宾对华传教的多明我会士在登船以前就开始阅读有关中国的各种历史记录；到菲岛以后，继续网罗中文史书，孜孜不倦地研读。尽管早期的西班牙多明我会传教士，因其所处时空的特殊性，能接触到的中国史书相较于在大陆的耶稣会士是有限的。当时研究中国史比较突出的是高母羡和多麻氏：前者在其信件中、后者在其作品《格物》中涉及中国史的评述。

下文将分析上述传教士对中国历史的关注点，考证他们参考的相关中外文献，以明晰菲律宾早期的中西文化交流情况，及十六世纪末十七世纪初西班牙人对中国历史的认识。这一问题还将从侧面反映明末中国书籍出口东南亚的情况，及当时中文史籍在普通百姓中的流行程度。

一、早期多明我会士对中国历史的关注点及原因

首先，早期多明我会士考察中国历史最突出的目的是验证《圣经》中对世界的创造、人类始祖及先民历史的记述。吴莉苇认为，耶稣会士的中国上古史研究无疑首先从属于他们头脑中固有的《圣经》世界史观，他们和因他们而了解中国上古史的欧洲学者们只想回答一个问题：陌生而又古老的中国上古历史在《圣经》描绘的世界体系中究竟处在什么位置，中国的上古史是否构成对《圣经》世界体系的挑战？[82]这一评价用在同时期的多明我会士身上亦中肯。或者说，传教士关心的重点在于，中国作为世界上如此庞大的帝国，有万千子民，上帝既然是普世的神，他对中国人的意旨是什么样的？这关系到教会应该采取何种策略去实施传教工作。

早期多明我会士对于中国上古史中关于世界和人类起源的说法非常感兴趣。高母羡早在 1589 年就研究中文史书，并在书信中说："关于世界的起源他们写了这些字句（他们的字是从上往下读，跟我们的相反），意思是说：原初时最先造天，有一万八千岁，然后是地，然后是人。"[83]高氏隐去"天皇""地皇""人皇"这些上古君王，有意突出中国上古史的说法与《圣经·创世记》类似之处。但他提到的"一万八千岁"显然是中国史书中对天皇氏年纪的描述。

多麻氏在其《格物》第二卷章首（第 122b-145a 页）涉及中国史籍关于创

---

82 吴莉苇：《明清传教士中国上古编年史探源》，第 137-138 页。
83 Cervera 2015, p.98.

世之初人类始祖的记述，提及盘古、三皇、有巢、燧人、伏羲、神农。但他以《圣经·创世记》的历史记述为正史，批评中国上古史没有帝王在位年代的定纪，且帝王寿岁荒诞，因而这部分历史值得怀疑。[84]多麻氏还注意到中国史书中关于大禹治水的记述，他认为其年月符合《圣经》中挪亚时期的大洪水。但他否认了大禹治水的功绩，仍以《圣经》为依据，认为上帝降下大水是为了惩罚世人，当时地球上除挪亚一家以外无人类。但他认为中国先民是挪亚的后代。[85]可见，多麻氏努力为中国上古史寻找《圣经》的依据，如无法觅得，便贬斥其真实性。但他还是肯定了中国人的历史是可以上推至挪亚洪水的时代，而且他认为华人是挪亚的子孙后代，这就相当于肯定了华人与欧洲人一样是上帝创造的"人"，可以且应该接受上帝的福音。

其次，早期多明我会传教士也十分关注基督教在中国的传播史。他们在来到菲律宾之前，应该就已开始在欧洲搜寻有关中国的一切记述。在遥远的东亚寻找前辈播下的福音种子，这关系到他们如何完成自己的传教使命（mission）。因此有关中国基督教的一切史实和考古证据，诸如欧洲十三至十五世纪关于鞑靼（Tartar）和契丹人（Cathay）的报道、中国境内发现的刻有"十"字的碑记、在中国发现的类似圣母的雕像等，均是他们所关注的内容[86]：中国人中有没有天主教徒？他们是否接受十字架的信仰？如若在中国大地上已经存在前代传教士耕耘的土壤，传教工作自然更容易掷地有声地展开。

最后，早期多明我会传教士还考察了中国有纪年的历史长度。高母羡在其1589年写给恰帕斯和危地马拉教区的信中提道："中国人有史书涉及帝王的事迹、更迭和评价，在帝土本纪中记载了他们两千两百多年有国王和政府的历史。"[87]这方面的信息作为报告东方的情报传入欧洲，其意义在于客观评价中华文明的高度，界定未皈依天主的华人在殖民地各民族中的天然地位，以资西统治者制定殖民地的政策与法规，包括传教的策略等。李毓中认为所谓的"牛理人"（东南亚华人）在西班牙殖民地人民中的法律地位仅次于西班牙人

84 （西）多麻氏（Mayor, Fr. Tomás）：《格物穷理遍览》（*Simbolo de la fe en lengua y letra china*），第143a-144b页。

85 （西）多麻氏（Mayor, Fr. Tomás）：《格物穷理遍览》（*Simbolo de la fe en lengua y letra china*），第136a页。

86 （西）多麻氏（Mayor, Fr. Tomás）：《格物穷理遍览》（*Simbolo de la fe en lengua y letra china*），第序1b-2a，296b-297a页。

87 Cervera 2015, p.96.

和白人混血。[88]这无疑有赖于华夏文明的高度。

二、早期多明我会士探考中国历史所依据的文献

虽然在菲传教的多明我会士的作品和书信纷纷涉及中国上古史、元朝基督教史的内容，他们却未曾注明所参考的具体史籍。多麻氏的《格物》中仅言"予初看汝鉴断，暨览我佛郎国鉴录，读多多事"（序2a）、"予观览汝唐鉴，暨佛郎鉴"（序2b）等字语，从中我们可知作者不仅参看了中国的史籍，亦读过不少欧洲的史籍。具体参考了哪部史书，只能从所涉及的内容中去探查。

（一）明刊本《史记》及其他纲鉴类编年史

多麻氏在《格物》中谈到中国上古史，引用了一段原文："……自太古天皇、地皇、人皇、有巢、燧人，俱不定记在位年纪，亦无授受子孙。但称'天皇兄弟有十二，各一万八千岁；地皇兄弟有十一，各一万八千岁；人皇兄弟有九，合四万五千六百年。'"（137a-b）这段原文引用对于考察多麻氏所参考的中文史书至关重要。首先，他所读之史书一定涉及天、地、人三皇；其次，天皇、地皇、人皇的兄弟人数，在不同史书中也有出入，这给我们提供了探考的线索。

明朝可见的上古史著作相当多，这些史籍基本是自宋朝开始涌现。宋朝不少编年史书对后世有很大影响，元、明、清同类作品总是以宋书为参考。[89]圣人孔子所整理的"六经"并不提及三皇五帝之数，《易经》称伏羲、神农、黄帝、尧、舜；《尚书》断自唐虞；孔子《家语》自伏羲以下皆称帝。据此，一些上古史作者法"圣人不语怪，不信传而信经"，略去三皇，如宋朝刘恕《资治通鉴外纪》（以下简称《外纪》）以《易》之五帝为史纲，宋朝金履祥《资治通鉴前编》（以下简称《通鉴前编》）[90]叙自唐尧。五帝说除上述据《易》的衍生说法，另有据《大戴礼记》而叙自黄帝，次颛顼、高辛、尧、舜，如汉朝司马迁《史记》。

三皇五帝之说始自秦汉学者，说法也并不一致。汉朝孔安国序《书》，以伏羲、神农、黄帝为三皇，少昊、颛顼、帝喾、唐陶（尧）、有虞（舜）为五帝，这成为三皇五帝之说的主流。宋明不少史书以此为纲，如宋朝司马光《稽

---

88 李毓中：《〈印地亚法典〉中的生理人：试论西班牙统治菲律宾初期有关华人的法律规范》，第352-353页。

89 吴莉苇：《明清传教士中国上古编年史探源》，第140页。

90 ［宋］金履祥：《资治通鉴前编》。

古录》[91]、苏辙《古史》[92]、郑樵《通志》[93]、江贽《少微通鉴节要外纪》[94]、明朝李东阳《御制历代通鉴纂要》[95]、南轩《订正通鉴纲目前编》[96]（以下简称《纲目前编》）等。

至于有关天、地、人三皇的记载，较早见于西晋皇甫谧《帝王世纪》。唐朝司马贞作《补史记·三皇本记》叙述两种三皇说法：其一为伏羲、女娲、神农，其二为天、地、人三皇。宋朝刘恕《外纪》虽采《易》五帝为纲，却在小字按语中详述盘古、天地人皇、有巢、燧人。[97]宋朝胡宏《皇王大纪》[98]（以下简称《大纪》）、罗泌《路史》[99]，元朝陈桱《通鉴续编》[100]（以下简称《续编》）皆上溯盘古，次天地人皇、有巢、燧人。

通鉴体到明朝才出现了记述上自盘古、下逮元朝的作品。明朝中后期出现"纲鉴风"，此类史书结合司马光《资治通鉴》和朱熹《通鉴纲目》这两个传统，以多种著述为基础，整合从盘古到元亡的全部历史，篇幅更为精练，在商业、出版业蓬勃发展的背景下，迎合了大批科举考试应试者的需求。[101]几乎所有纲鉴史书在上古史问题上均参考刘恕《外纪》、金履祥《通鉴前编》和陈桱《续编》，其中关于天、地、人三皇的历史受后者影响最甚。

以上提到的是明朝流行度、官方认可度和可获得性均较高的史书，皆为本文之考察对象。三国时代项峻《始学篇》、徐整《三五历纪》和晋朝皇甫谧的《帝王世纪》虽涉及天、地、人三皇，但宋以后皆逸失，其记述仅见于《太平御览》《艺文类聚》《初学记》等唐宋类书。这类书及罗泌的《路史》针对天、地、人皇兄弟人数的问题罗列不同典籍的说法，并无定论。因而上述多麻氏引用的内容，不大可能是参考了类书或《路史》。

在上述明朝较流行、可获得性较高的史书中，多麻氏究竟参考了哪一部

91　［宋］司马光：《稽古录》第一至九卷。
92　［宋］苏辙：《古史》第一至五卷。
93　［宋］郑樵：《通志》第一至三卷。
94　［宋］江贽：《少微通鉴节要外纪》。
95　［明］李东阳：《御制历代通鉴纂要》第一卷。
96　［明］南轩：《订正通鉴纲目前编》第一册、第二册。
97　［宋］刘恕：《资治通鉴外纪》第一卷，第3-4页。
98　［宋］胡宏：《皇王大纪》第一至四卷。
99　［宋］罗泌：《路史》第一至四卷。
100　［元］陈桱：《陈氏通鉴续编》第一卷。
101　（荷）钟鸣旦（Nicolas Standaert）：《耶稣会士的中国史与纪年著作及其所参考的中国文献》，第59页。

呢？《帝王世纪》中只出现天、地、人皇名号，未记录其人数，仍是以伏羲、神农、黄帝为三皇。[102]胡宏《大纪》和陈桱《续编》皆称天皇"一姓十三头"。明朝纲鉴史书，如张鼐《纲鉴白眉》[103]、钟惺《资治纲鉴正史大全》[104]、袁黄《古本历史大方纲鉴补》[105]均受陈桱影响，采纳天皇十三人之说，与多麻氏的引用不符。仅司马贞的《补史记·三皇本纪》和刘恕《外纪》言天皇"一姓十二人"。但刘恕《外纪》只是在小字中将天、地、人皇作为非正统的上古史加以叙述，显然不认可其正史地位。且刘恕的表述方式与多麻氏有一定出入。而相较之下，司马贞《补史记》的语句则与上文引用颇为相合。请比较：

> 《外纪》：天地初立，元气肇始。岁起摄提，有神人一身十二头号曰"天灵"。或云一姓十二人，"头"即人也，古语质如今人数，鱼、鸟以头计之，被迹在西北柱州昆仑山下（一作"括州"），治一万八千岁。……

> 《三皇本纪》：天地初立，有天皇氏十二头，澹泊无所施为，而俗自化，木德王：岁起摄提，兄弟十二人，立各一万八千岁……

> 《格物》：天皇兄弟有十二，各一万八千岁……

除上述引文外，多麻氏在提到伏羲、神农、禹时，诸多字句也与《史记》和《补史记》相合。在一些明朝《史记》版本中，第一卷（五帝本纪）之前常常增置《补史记》。[106]因此多麻氏很有可能参考了明刊本的《史记》。无独有偶，高母羡的《实录》中也多次引用《史记》：

> 泰山不让土壤，故能成其大；河海不择细流，故能就其深；圣人不却众庶，故能成其德。（《实录》30a，出自《史记·李斯列传》）

> 贤者千贤，必有一失；愚者千愚，必有一得。（《实录》2b，出自《史记·淮阴侯列传》）

> 即古所谓"平易近民，民必归之"者是已！（《实录》4a，出自《史记·鲁周公世家》）

---

102 ［晋］皇甫谧：《帝王世纪》。徐宗元辑：《帝王世纪辑存》。

103 ［明］张鼐：《新镌张太史注释题纲鉴白眉》第一卷。

104 ［明］钟惺：《鼎锓钟伯敬订正资治纲鉴正史大全》第一卷。

105 ［明］袁黄：《鼎锓赵田了凡袁先生编纂古本历史大方纲鉴补》第一卷。

106 参明嘉靖二十九年庚戌（1550）本、明万历二十三至二十四年（1595-1596）本。笔者参考版本：［汉］司马迁：《史记》第一至五卷，国立公文书馆（National Archives of Japan）藏万历年间刊本。

可以肯定，十六世纪末，在菲律宾应该是可以见到《史记》的明刊本的。

除了《史记》以外，明末菲律宾还流行着其他的中文史书。多麻氏在《格物》中始终使用"鉴"指称史书。如：

> 予初看汝鉴断，暨览我佛郎国鉴录（序 2a）

> 予因详考鉴纪（序 3a）

> 予观览汝唐鉴，暨佛郎鉴（2b）

> 首节兼辩中国鉴义（135a）

> 此事予亦尝观汝中国通鉴（135a）

> 又予观鉴（143b）

以此观之，以《资治通鉴》和《通鉴纲目》为范本的史籍，包括纲鉴类史书应该也见于当时的菲律宾。

多麻氏的《格物》中多次提到盘古、有巢、燧人，而《史记》及《补史记》中未涉及三皇以前的历史：

> 亦问汝中国历代帝王所发政施仁者焉，自盘古至万历历代守君之国，永承相继，未尝休息，岂不堪叹乎？（1b）

> 予实用心稽汝年数。自今上皇帝万历，算上至禹，自禹至伏羲、三皇、盘古之行事，予悉考之详矣。（136a）

> 予今顺便要辩盘古、三皇五帝，历至夏禹，纪数不同，予心不能无疑……为其自太古天皇、地皇、人皇、有巢、燧人，俱不定记在位年纪。（137a）

> 如汝之信天地人皇、有巢、燧人、伏羲、神农之行事，为其汝等不用心详究故也。（141b）

> 彼作鉴者，先书盘古天地、人皇之纪……（143a）

> 特汝因魔鬼焘证，从其骄傲，自谓能知已往未来之事物，故自作盘古之鉴义于首章，妄书天地人皇无稽之岁寿。（145a）

从上引文可隐约看出，多麻氏还参考了以盘古—天地人皇—有巢—燧人冠之伏羲以前上古史的著作，诸如胡宏《大纪》、陈桱《续编》、南轩《纲目前编》或纲鉴类史书。然而具体参考之书籍则不可考。

高母羡应该也读过通鉴类史书，他在《实录》中说：

> 使上天而无始无终也，何上古通鉴所云"太极生两仪"，果何说耶？又云："天开于子。"（21a）

上引文中"上古通鉴所云"足以说明高氏此处的引用来自通鉴类史书，因此，包含上述语句的儒家、道家的哲学著作应排除在此引文的文献来源之外，而仅应考察通鉴类史籍。陈桱《通鉴续编》第一卷"盘古氏"中有"太极生两仪，两仪生四象，四象变化而庶类繁矣"的说法。托名明朝张鼐、钟惺等人之纲鉴类史书中都有高氏引用的这两句。

另外，值得注意的是，高母羡和多麻氏均计算过中国历史的纪年年数。上文已提到，高母羡在其信件中说中国帝王编年史有两千两百多年（此信写于1589年7月13日）。[107] 很明显他参考的不是上自传说时代、下至元亡的编年通史。多麻氏在《格物》中言："今自万历三十四年（1606）算至禹，共有三千九百单一年。我自今算至儒挨水息时，亦三千九百单一年，与汝年纪相同。"（136a）如果他们手头没有编年体史书，这些数据是很难计算出来的。

在明朝，人们开始力图更为系统地考定上古历史的确切编年，对此也产生了各种不同的标记方式。一部重要的编年史著作是薛应旂的《甲子会纪》。[108] 此外，如金履祥《通鉴前编》和胡宏《大纪》之史书均据邵雍之《皇极经世书》[109] 编年，明朝南轩《纲目前编》受其影响，编年亦同。

根据《圣经》提供的年代信息计算挪亚的大洪水发生在公元前2304年[110]，距1606年3900年，与多麻氏推算的无甚出入。传教士相信《圣经》是在天主的启示下写成的，自然将之作为最可靠的史书推考年纪。而据上述在明朝影响很大的编年史书推算，从1606年至禹受命治水均相距3800多年，按照《通鉴前编》推算之数据接近3900年（3892年）。因多麻氏没有说"算至禹"是指算至禹出生、治水还是登位，很难考证他计算的3901年依据为何。但这并不重要，为了证明禹与挪亚的联系，既然推算数据接近，作为传教士的多麻氏定会倾向于断言二者年纪相同。

总之，因早期多明我会士没有留下专门的中国史著作，也没有提到他们读到的中国史书书名，很难考证他们具体参考了哪些中文史书。较为肯定的是，

---

107 Cervera 2015, p.96.

108 （荷）钟鸣旦：《耶稣会士的中国史与纪年著作及其所参考的中国文献》，第58-59页。［明］薛应旂：《甲子会纪》。

109 ［宋］邵雍：《皇极经世书》。

110 Osgood, pp.10-13.

他们能读到明刊本的《史记》，可见该书作为史学权威著作，同时具有较强文学性，在当时的菲律宾比较流行。此外，他们一定也能接触到上溯盘古、下逮元朝的通鉴类、纲鉴类编年史书。根据其个别表述可以推测：西班牙传教士在菲律宾参考明朝南轩的《纲目前编》的可能性非常大。

（二）门多萨《中华大帝国史》

下文将论证多麻氏参考过西班牙奥古斯汀会士门多萨撰写的《中华大帝国史》。多麻氏在《格物》中两次提到他读的一本书中记述了在中国被发现的基督教圣像，其一疑似为圣母像，另一像有三头，被怀疑为天主三位一体的象征：

> 因为我读一本册有曰：汝中国有一妇人之形像手抱其子，此乃我佛郎人称曰山礁妈尼哑[111]，甚尊敬他。汝等若读此一本册，便可知乃何形像也。又有人道汝中国一形像：三个头脑合为一头。此情诚将衅我心，疑汝中华于昔者亦有掇遗此佛郎人之主宰极理否？（2a-b）
>
> 又有人言汝中国，有一神像，三头连带；又有一女神，手中抱子。
> 此事乃古之事绩，正教之记号，实可猜疑者也！（297a）

对此的描述在之前欧洲人关于中国的报道中有据可查。类似圣母像的记述最早出现在葡萄牙多明我会士克鲁斯的《中国志》（*Tratado em que se contam muito por eteso as cousas de China...*，1569-1570 年用葡文出版）中。克鲁斯 1556 年后多次在广州的海岸短暂停留。他写道："堂内是一尊精美的女人像，一个小孩抱着她的脖子……我怀疑那是基督教的一些形迹……它可能是圣母像，由圣托马斯留在那里的古基督徒所制……"[112]随后在 1577 年西班牙人斯卡兰特的《葡人远游东方及大中国记》中亦复述了上文。斯卡兰特的书是据去过中国的葡人的报道写成，他承认关于此雕像的叙述是来自多明我会士克鲁斯。

至于三头雕像，1575 年出使过中国的西班牙奥古斯汀会士拉达在其《记大明的中国事情》（以下简称《记大明》）中提及："在福州的庙里有一百多个各种不同的偶像，有的偶像有六只、八只或更多的手臂，另一些有三个脑袋（他们说那是鬼王）……"[113]但他的版本并没有将这一雕像联想为天主三

---

111 西班牙语 Santa María 闽南语音译，即"圣母"。
112 （英）C.R. 博克舍：《十六世纪中国南部纪行》，第 150 页。
113 （英）C.R. 博克舍（C.R. Boxer）：《十六世纪中国南部纪行》，第 216 页。

位一体。拉达在他的记述中提到了观音的名号，并依据中国民间传说，叙述了观音为庄王之女[114]，并未将送子观音过度联想为圣母。拉达凭借其良好的科学素养和过人的语言天赋，在中国购买了大量中文书籍，后又让菲律宾的华人译出大部分[115]，因此其记述基于一些中国书籍材料，较为具体、客观。

多麻氏所读到的"本册"应是指门多萨（González de Mendoza，1545-1618）的《中华大帝国史》。门多萨在其作品中两次提到抱孩子的女人和三头神像，第一次是在该书第一部第二卷《中华大帝国臣民的宗教、他们所崇拜的偶像以及其他超自然的奇事》第一章《他们所膜拜的神祇，以及在他们中间发现的与我们基督教相通的征兆和绘画》中。此处他评价三头神像说："这种偶像的绘画上可见它有三个头，三头互看，据说三头有共同的意志和相同的爱。一个头有高兴之事，其他两头也高兴；反之，一头有不高兴的事，其他两头也不会高兴。此事，以基督教义解释，可以理解为是我们所信仰和崇拜的圣三位一体。"

关于抱孩子女人的神像，门多萨参考了拉达，说"她是某个伟大皇帝的女儿，过着圣洁的生活，一生从没犯过罪"[116]。但他同时援引克鲁斯的相关叙述，联系此神像的多种特征，认为该神像就是圣母像，只是中国人不知道其真正意义。

《中华大帝国史》中第二次提到抱孩子女人和三头神像是在第二部第一卷第二十五章。这一部分记述了拉达和马林神父及其随从士兵于1575年从菲律宾出使中国的经历。他叙述道："……尤其是其中的三个，居中立在其他偶像之间，第一个是一身三个头，三头面面相觑；第二个是一女像，抱有一童；第三个是一男像，穿着有如我们所画的圣徒。"[117]此叙述和拉达差别较大，可见门多萨在写拉达神父出使中国的第二部时，并不是直接抄袭拉达的《记大明》，而是综合了同行的马林神父及其他人的记述。

简言之，克鲁斯和斯卡兰特仅提到类似圣母的雕像。拉达的记述中包含三头神像和观音像，但未做联系基督教的过度联想。只有门多萨综合多种材料同时提到二者，且做出了相关中国神像为圣母像和三位一体象征物的判断。考虑到门多萨的书在当时欧洲的流行程度，基本可以肯定，多麻氏读过

---

114 （英）C. R. 博克舍（C. R. Boxer）：《十六世纪中国南部纪行》，第 216-218 页。
115 Dolors Folch 2018, pp.9-18.
116 （西）门多萨（Juan González de Mendoza）：《中华大帝国史》，第 21-22 页。
117 （西）门多萨（Juan González de Mendoza）：《中华大帝国史》，第 159 页。

《中华大帝国史》。

（三）森特诺的《东方史》和罗曼的《世界共和国》

多麻氏在《格物》中依据他读过的中西史书肯定元帝曾受洗为基督徒：

> 予观览汝唐鉴，暨佛郎鉴，始知古时金国灭尽，鞑人即来占汝其国时，元帝等统管汝中国八十九年。先时鞑人亦习天主正教，仍有净水和尚[118]等到彼鞑国诲此天主正教。鞑国人有一皇帝名曰高微勝柬受此天主正教，充做奇尼实典懦[119]。予读此书既毕，乃疑曰：假如那皇帝识习此道理，则士庶自然亦有多向顺于皇帝者，亦从此道焉。设汝唐人先乃鞑帝之黎庶，自然谅有随执者，亦有垂闻者焉。（2b-3a）

> 甚至鞑靼之国，亦如此而向从。故于汝中国，古时亦尝得此道。因其元顺帝侵中土之时，鞑靼人识认西士奇厘实道[120]之教。此元帝，亦乃净水人[121]也。（296b-297a）

前一段中的"高微勝柬"应该是忽必烈汗的闽南语译音，下文中将联系史料就此做进一步论证。从上引文可见：多麻氏读的史书肯定了忽必烈汗皈依基督教的事实。而第二段中说"元顺帝侵中土……此元帝亦乃净水人"，应该是将元顺帝的名号搞错了。元顺帝是元朝统一的最后一位皇帝，1333-1370年在位。方济各会士马黎诺里（Giovanni dei Marignolli）1338年出使元朝觐见的正是这位元顺帝。但说他"侵中土"实为张冠李戴。多麻氏在谈到元朝的基督教时，并没有提到"也里可温"或"迭屑"，这是元朝人对基督教和基督徒的称呼。可见，对元朝的基督教史他参考的不是中文的史书，他只是在元朝历史和帝王更迭这方面参考了上文提到的编年类通史。

《马可·波罗行纪》中仅肯定忽必烈汗有意受洗，对基督教也十分看重，但马可·波罗并没有说忽必烈已受洗为基督徒。这让我们怀疑多麻氏依据的不是《马可·波罗行纪》这部风靡欧洲的著名文学作品。综观中世纪出使过蒙元的欧洲教士们的记述，并无一人说过元帝是基督徒，尽管他们中大部分带回消息说元帝对基督徒特别优待，支持天主教传教，蒙古人中有许多基督徒，就连

---

118 即基督教士。
119 西班牙语 Cristiano 的音译，即"基督徒"。
120 西班牙语 Jesús Cristo 的音译，即"耶稣基督"。
121 亦为基督徒之意，因基督徒均受洗，此为解释性译法。

元帝身边的贵族也有不少是聂斯脱利派教徒。[122]

1307 年海屯·亚美尼亚（Ayton Armenio，? -1320? ）写成《东土纪事之精粹》（*La flor del estoires de la terre d'Orientis*）一书，其中肯定忽必烈受洗为基督徒。该书以古法语写成，不久即被翻译成拉丁文，十六世纪被译为英语、德语、荷兰语、意大利语、西班牙语，成为大航海时代人们了解东方前代历史的重要材料。这部著作之所以被当作信史，就蒙元历史问题的参考价值一度与马可·波罗之书比肩，是因为作者为亚美尼亚皇族出身，后至西欧又加入了教会成为基督教僧侣，曾亲历过部分他所述的鞑靼历史。他在自己的著作中信誓旦旦地如是说：

> 为了使读这本史书的人不要对其真实性产生任何怀疑，我以基督徒的名义确认，我说的都是真的。其中写到的所有事都来自信史和有尊严的人。我未亲历的开头那部分历史，我是通过三种方式知道的，分为三部分：从第一君主成吉思汗到第四君主蒙哥，我是根据鞑靼人自己的史书忠实地记录的；从蒙哥汗到旭烈兀之死，我是从我父亲亚美尼亚的海屯王那里听来的，他亲历了我所述的所有那段历史，经常给他的儿子们讲，也让人把它写下来，因为写下来总比留在记忆中好；从阿巴哈汗到鞑靼史结束，因为我是一切事实的亲历者和见证者，因此我了解，我写的是事实。[123]

如此有力的证明使十六世纪的东方史家无不为之动容。他们参考的材料除了马可·波罗的游记就是这本海屯的《东土纪事之精粹》。

1595 年在西班牙出版了两部有关东方的史书：其一为森特诺（Amaro Centeno）的《东方史》（*Historia de cosas del Oriente*），此书实际是海屯之书的西班牙语评注翻译本。另一部为罗曼（Gerónimo Román）的《世界共和国》（*Repúblicas del mundo*）。二者均参考了《东土纪事之精粹》和《马可·波罗行纪》，其中就忽必烈汗受洗的问题引述的都是海屯。森特诺在其作品中说："其他鞑靼人撤回并选举蒙哥汗的弟弟忽必烈汗为他们的君主。他在位 42 年，是基督徒，并建立了一座叫"元"的城市。据说它比罗马城还大……"[124]罗曼的《世界共和国》第三卷"鞑靼共和国"一章言："根据海屯·亚美尼亚在其

---

122 （英）道森：《出使蒙古记》，第 139-140 页。
123 这段话译自该书西班牙语版。Centeno, p.49b.
124 Centeno, p.24a.

史书中的清晰表述，他（指忽必烈汗）已受洗成为基督徒。"[125]

上面提到的两部史书均于 1595 年出版，《世界共和国》稍早于《东方史》。多麻氏 1602 年才至菲律宾，他来东方之前一定在欧洲搜寻过各种关于东方的史书和记述。上文已述，多明我会建立菲律宾教区的初衷即为去中国向华人传教。[126]从 1587 年第一批多明我会传教士来到菲律宾开始，多明我会就垄断了马尼拉对华传教工作。[127]森特诺和罗曼的书比起十三、十四世纪出使中国的传教士的著作和信件，对多麻氏来说应该是更容易见到的出版物。

至于多麻氏究竟参考了这两部史书的哪一部，笔者更倾向于森特诺的《东方史》。原因是多麻氏将忽必烈汗音译为"高微勝柬"。罗曼的《世界共和国》将"忽必烈汗"音译为 Cublay Can，而森特诺的《东方史》音译为 Covila Cam。Co 对音为"高"，可参考高母羡的名字音译："高母"实际是 Cobo 这个姓的对音，"羡"为 Juan 的对音。"微"用来对应 Vi，可参考菲律宾同时期中文刻本对圣母 Virgen 的翻译——"微里矧"，力天使 virtudes 翻译成"微尼詇奚黎氏"。"勝"字在这些刻本中经常用以音译 ra、la、da 等音素，如彼拉多（Pilato）被音译为"卑勝厨"。除了上述原因外，不排除多麻氏同时参考这两部史书的可能性。

综上所述，早期来到东亚的多明我会士虽然没能登上中国大陆传教，但他们对中国的历史和文化表现出强烈的好奇和探知欲，尽其所能地搜罗有关中国的史籍进行研究。其中高母羡和多麻氏是突出的代表。高母羡天性聪敏，博学多才，本来可能做出更多深入的汉学研究，可惜 1592 年他出使日本，在回程途中丧生，只留下了《明心宝鉴》的西班牙语译本、一部未完成的《辩正教真传实录》和一些书信。而多麻氏十四万字的《格物穷理便览》则更多地展示了他研究中国历史的兴趣。

在大航海时代，西方人在探索世界各地、建立殖民地及开发当地资源的过程中，亟须论证其他民族的文明程度，及其在"上帝创造的世界"中处于何种地位，从而讨论殖民地原著民应享有何种权利、西方人应如何对待他们等问题。要考察这些问题，不得不关心一个民族有记录的历史，尤其是关于人类起源的上古史。但明末的多明我会士只能偏安于菲律宾对华传教，无法像耶稣会士一样与华人士大夫进行史学交流。且囿于传教士的身份和使命，

---

125 Román, p.198b.
126 González, pp.31-33.
127 Gayo., pp.52-53.

受天主教史观的影响，他们对中国历史的关注点具有明显的传教倾向性，认识有失偏颇。

第三节　高母羡对中西文化融合的贡献

中西方文化的最早接触、融合与冲突体现在十六世纪末来到东亚的传教士如何对待儒、释、道等中国本土精神文化资源。在这方面，关于当时在中国本土传教的利玛窦等耶稣会士的研究已经非常丰富且深入，而对同时期在菲律宾对华传教的多明我会，学界的关注尚且不足。明末清初的基督教传教士为了更好地传教，学习、了解中国文化，接纳、吸取其中可为其利用的部分，从而促进了中西文化的交流。

高母羡于 1588 年至 1592 年在菲律宾马尼拉对华人传教。在此过程中他接触到一些文化程度较高的华人。他在华人引导下积极学习中文和中国经典、撰写传教作品，甚至还将中国蒙学经典翻译至西语。不论是著书、译书还是出使日本的过程中，高氏均与华人密切合作，表现出对华人的好感和信任，及对中国文化的认同与尊重。中国文化强调"厚德载物""有容乃大"，法天地广大、包容、无私之德。世界和文化是多元的，和而不同，只有相互了解，彼此尊重、各美其美，美人之美，美美与共，才能实现世界大同。如何对待与处理中西文化接触中的异质因素，是开放包容、平等尊重，还是贸然否定、强行同化，这在跨文化交流日盛的当今世界具有重要的文化交流方法论意义。高氏在对华传教过程中对中华文化报以积极态度，从而促进了菲岛最初的中西文化交流，这更值得我们去分析、研究。

一、高母羡在实践上对中国文化的认同与尊重

高母羡（Juan Cobo，1546-1592）是 1588 年第二批来到菲律宾群岛的多明我会士。而同时期意大利的罗明坚（Michele Ruggieri，1543-1607）、利玛窦（Ricci Matteo，1552-1610）等耶稣会传教士已经在中国传教。前文已述，菲律宾的多明我会从 1587 年第一批传教士登岛就一直有去中国对华传教的计划。在高氏对华传教的时期，多明我会对成功登陆中国是抱有较大希望的。因而他们对当时中国的耶稣会的传教活动十分关注。高氏的书信中提到：菲岛的教会普遍指摘在中国传教的耶稣会士着儒服、先劝皈皇族贵胄的传教策略。但

高氏对耶稣会的做法表示同情和理解，认为耶稣会是受其特定的地理、政治条件限制：因为他们在中国本土传教，如果官方不接受，百姓也不敢皈依。[128]事实上，高母羡在自己的传教工作中效法了耶稣会的做法，例如，他在撰写自己的传教作品《辩正教真传实录》时注意适应中国文化，大量引用儒家经典，试图以本土哲学概念来诠释天主教理。他还参阅了耶稣会士罗明坚的《天主圣教实录》（1584）[129]，并在自己的作品中用到了一些罗明坚发明或使用过的术语（如"天主""僧""寺"等）及《天主圣教实录》中的内容。高氏在其书信中也肯定了耶稣会的传教成果，可见他对当时的耶稣会并无嫉妒，而是怀着理解的心情加以学习借鉴，形成了他自己的融合中西的思想方法。

高母羡1588年一来到菲律宾，就被分派至华人教区传教。在他看来，之前登陆中国的西班牙传教士之所以会失败，是因为他们语言不通。他说："他们连自己要接受什么律法都不知道，接受它是严重的罪过。我们看到耶稣会神父们懂他们的语言文字，因而已被他们接受。"[130]通过勤奋学习，高母羡的中文水平迅速提高，很快掌握了闽南方言和汉语书面语。于是他开始大量阅读和研究有关中国科学、哲学、文学、历史、地理、政治、音乐、医药等各种书籍，并在书信中对他读到的书籍内容做了客观、全面的汇报。[131]从他的报道中可以感受到他对中国文化抱有浓厚的兴趣，对其广度和深度也予以充分肯定。

高氏身后留下了多部作品。除了首部翻译成西方语言的中国经典《明心宝鉴》（1592）、传教作品《实录》（1593）和一些书信档案留存至今，据文献显示，他还参与编写了中文本《基督教义》（*Doctrina christiana en lengua y letra china*），并著有《中西词汇对照》（*Vocabulario chino-español*）、《论天文学》（*Tratado de astronomía*）等作品。[132]所有高母羡遗留下来的文字均体现了这位多明我会士对中华文化的高度评价。

《实录》的文字明显经过中国写手的润色，才可能呈现出如此典雅骈俪的文言文。高母羡在菲律宾对华传教时使用的是闽南语，这一点从他翻译《明心宝鉴》中专有名词的音译可以得到佐证。[133]且他在撰写《实录》时接触华

---

128 Cervera 2015, pp.91-92.

129 Chan, pp.482-483.

130 Sanz, p.280.

131 Cervera 2015, pp.94-99.

132 Villarroel, p.12.

133 Van Der Loon, p.19.

语才三年，不可能如此娴熟地引经据典。其中华人写手（或者说和高母羡对话的中国学者）起到了很大的作用。菲律宾总督维拉（Santiago de Vera, 1584-1590 年在任）1589 年写给国王菲利普二世的信中提道："自予至此地，命彼僧侣习学中文，以便布道于本地之华人。后多明我会僧至，予遂将华人之皈依我教交与该会。予亦为其安排通事，授之华语。"[134]这说明：在马尼拉有中国人教授西班牙人读写中文，且这些华人教师懂一点西班牙语，因菲律宾总督明确指出他们是"通事"，即翻译。1592 年随高母羡出访日本的使团中就有中国人胡安·萨米（Juan Sami，中文名不详）。当时的总督达斯玛利尼阿斯（Gómez Pérez Dasmariñas）1592 年 6 月 11 日写给国王的信中指出：胡安·萨米是中文教师，在此次出使中担任高母羡的翻译。[135]这说明，一些懂西语的华人充当了高母羡的中文教师，高氏在撰书、翻译和出使活动中均与之通力合作，对其信赖有加。华人教师自然很大程度上影响到他对中国文明程度与中国本土思想的认识。

高母羡的《实录》和稍晚于他的其他菲律宾多明我会对华传教士的作品相比是很特别的，主要表现在它通篇文言文，站在哲学和科学的高度进行辩论，是针对还未入教的中国读书人所写的教理本。[136]这并不是因为在高母羡撰书的十六世纪末，来到菲律宾的华人真的大多数是士子或富人。高母羡在自己的书信中就提道："这里来的人有商人，但不多。船工、渔民很多，不计其数，还有很多工匠。"[137]而且他还肯定，多明我会在菲律宾的传教工作相较于中国的耶稣会"更宽厚仁慈，因为通常来接受福音的都是穷人；也有富人，这对我们来说也不是什么坏事，因为我们的布道是从穷人开始的"[138]。尽管如此，在高母羡看来，中国人是非常聪明、文化程度普遍较高的，中国是高度文明的国家，对此他在自己的书信中毫无保留地予以赞叹：

> 我们在这里认识的中国人，在其母国属于社会下层——水手、海员、渔民、工人，他们是来此地讨生活的。卡斯蒂利亚同阶层的人大概满脑子都是圆白菜和腌猪肉。而即便他们身份低微，却如此机敏灵

---

134 Blair & Robertson, vol. VII, p.83.

135 Villarroel, p.24.

136 后来的菲律宾多明我会中文传教书籍——如 1606 年的《僚氏正教便览》和 1607 年的《格物穷理便览》均使用白话文，内容通俗浅近，更多地面向文化水平不高的普通百姓。

137 Cervera 2015, p.92.

138 Cervera 2015. 91.

巧。他们一千人中也找不到一个不可教之人，不是教他们怎么打鱼，而是教他们学文，学习天体的运动、道德准则、教养、礼貌和正义。因为在伦理道德上，他们超乎常人，尽管他们不懂什么科学。[139]

……

这里来的人，正如我所说，是社会底层。而他们中一千人大概有十人不识字；而在卡斯蒂利亚的乡村农夫中，一千个人中能找出十个识字的就不错了。要成为法官和大人，他们必须学习写作，这就是为什么他们大部分人都会写字。最饱读诗书的人才能当官，无一例外。只要通达某种学问，就能发迹，甚至飞黄腾达。因此人人都学文。[140]

高母羡于 1592 年完成《明心宝鉴》的译著。《明心宝鉴》作为村里私塾常用的蒙书，自然也被马尼拉当地华人用来教授西班牙人中文。高氏在读《明心宝鉴》时，被其优雅的文风和深刻的思想所吸引，因而产生了将其翻译成西班牙语的动机。高氏的译本中西对照，成为后来传教士学习中文的对照范本。[141]该书的翻译使西方教廷和王庭得以直观地了解中国高度发达的文明与思想，为其制定和平的对华传教和外交政策提供支持。这一作用在菲律宾主教萨拉萨尔 1590 年 6 月 24 日写给菲利普二世的信中有明确的记述：

这一著作值得您一读，并不是因为它中西对照，而是它很罕见，在本地的涧内和中国以外的地方绝无仅有。在我看来其内容值得思考，且能使人明见人性至理；尽管其中没有信仰的光辉，却和基督教的教义非常相符；您读过此书就会明白，像中国这样一个国家，用这样的道理教化民众，如果我们用武力和战争去布道我们的律法，将是多么离经叛道。因为显而易见，对于这样的人民，理智的力量远超于武器。[142]

该手稿在 1595 年被贝纳比德斯神父带到西班牙敬献给当时的王储，也就是后来的菲利普三世，在贝神父的赠言中同样表达了以和平的方式对华人传教的请求。[143]此书成为目前能看到的被翻译成西班牙语的最早的中文著作，在中西方文化交流史上发挥了重要的作用。

---

139 Cervera 2015, p.94.
140 Cervera 2015, p.99.
141 周安邦：《〈明心宝鉴〉研究》，第 153 页。Liu Limei, p.110.
142 Villarroel, p.15.
143 Van Der Loon, p.20. 及周安邦：《〈明心宝鉴〉研究》，第 151-152 页。

不少研究高母羡翻译的《明心宝鉴》的学者均认为高氏的翻译是比较忠实于原文的，即使这某种程度上破坏了西文的流畅性。[144]七十年后，另一位在中国传教的多明我会士闵明我在不知道前人曾翻译过《明心宝鉴》的情况下也翻译了自己的版本。[145]与闵明我的版本相比，高氏没有在翻译中过多地用天主教思维诠释这部中文经典，而是做了比较忠实的字面翻译。博劳（Eugenio Borao）认为高母羡翻译的出发点是"科学的、人类学的和文艺复兴的"[146]。这也反映出他没有以西方的经院主义神学为中心，而是放下基督教的尺规来客观看待这部包含了中国文化各流派的思想精粹的作品。

总之，高氏以传教为目的，学习中文、了解中国经典，与华人展开密切合作与平等对话，忠实地翻译了在东南亚地区具有广泛影响的蒙学经典《明心宝鉴》。这一切体现出他对华人及其文明程度的高度评价和对中国文化的尊重与认同。他的这种开放包容的态度使其得以在传教中取得中西文化交流的重要成果。

二、高母羡以中国哲学概念诠释基督信仰

《实录》引用中国典籍次数多且频繁：全书 120 多页，总字数不超过三万，却包含三十余处对中国古典文献的引用。高母羡的作品中引用最多的中国文献就是朱熹集注的"四书"（13 次），即《大学》《中庸》《论语》和《孟子》。此外，还引用了《诗经》《孝经》《周易》等儒家经典及明朝流行的童蒙类书。密集的中文经典引用一方面是为了使这部作品带有中国士大夫学术典籍的色彩，激发中国士人对西方神学思想的重视和崇敬：该书采取中国士人惯用的文体，经典语码嵌套在行文中，文辞优雅工整。另一方面，《实录》采用对话体记录了高母羡与一位中国学者的平等对话，二者在一问一答中探讨了中西哲学经典中的思想。高氏认为中国本土思想达到了与西方神学一致的高度，可以在求同辨异的基础上加以利用，吸引更多中国人信仰天主。因此他尝试用西方哲学和基督教思想来解释中国学者提出的中文经典问题。

高母羡在其《实录》中明确表达了天主的信仰和中国圣贤所说的"性道"

---

144 Borao, p.47; Knauth, pp.1-21; Liu Limei, pp.99-119.

145 这一版本应是闵明我 1665 年入华后不久开始翻译的，被收录于 1676 年在马德里出版的《中华帝国的历史、政治、伦理和宗教论集》（*Tratados históricos, políticos, éticos y religiosos de la monarquía de China*）中，作为第四部分。Borao, pp.50-51.

146 Borao, pp.47-49.

是统一的，教理也是相同的，不应对天主的教理做区别对待：

　　大明之谓道，修道之谓教。性道无二致也，教其有二术乎哉？知此，
　　则天主付与一本之理性同也，教亦同也，何以差殊观乎？（1a）[147]

　　《实录》大量借鉴了道家和宋明儒家"太极""无极""理""气""道"的概念。高母羡用"无极"（62次）和"太极"（27次）这些宋明理学色彩极强的字眼诠释天主的至高、至大与永恒。

　　"太极"这一概念初见于《庄子》，后见于《易传》。周敦颐的《太极图说》在《易传》基础上从宇宙发生论的角度对此概念进行阐释："无极而太极。太极动而生阳，动极而静，静而生阴，静极复动。一动一静，互为其根。分阴分阳，两仪立焉。阳变阴合，而生水火木金土。五气顺布，四时行焉。五行一阴阳也，阴阳一太极也，太极本无极也。"朱熹以理说太极，认为太极是宇宙全体的终极标准，是最高的，包括万物之理的总和。不仅如此，太极还内在于每类事物的每个个体之中。每个事物继承了它这类事物的理，在这个个别的理之中，又有太极整体之理。朱熹说："在天地言，则天地中有太极；在万物言，则万物中各有太极。"[148]即便如此，朱熹也不认为太极失去了它的统一性。在《语类》中，朱熹说："本只是一太极，而万物各有禀受，又自各全具一太极尔。如月在天，只一而已；及散在江湖，则随处可见，不可谓月已分也。"[149]关于"无极"，朱熹解释道："无极之真是包动静而言，未发之中只以静言。无极，只是极至，更无去处了。至高至妙，至精至神，更没去处。濂溪（周敦颐）恐人道太极有形，故曰'无极而太极'，是无之中有个至极之理。"[150]

　　由此可见，宋明儒家对"太极"与"无极"的理解和经院主义哲学中的上帝有很多共通之处：无形、至大、至高、无处不在、唯一性、无上智慧、宇宙发生及运转的动因等。因此高母羡大胆地借用"无极"作为天主的代名词，例如，第二章的标题"论真有一位无极，为万物之始也"。在他看来，耶教之"天主"和新儒家"无极"的所指是同的，区别只在于语言而已。

　　独一位之尊大，一理之中正，无以异也。世人以异而疑之，亦未知
　　同以理，而不同以语者乎！是以佛郎机者，同声称之，一则曰"寮

147　《实录》这里引自《中庸》。
148　［宋］黎靖德编：《朱子语类》，第1页。
149　［宋］黎靖德编：《朱子语类》，第2409页。
150　［宋］黎靖德编：《朱子语类》，第2369页。冯友兰：《中国哲学简史》，第281页。

氏"[151]，一则曰"礼乎氏"[152]，一则曰"遥目"[153]，称扬于世。

虽异其名也，著明于予：实不异其理也。即大明国所称述之名曰

"无极而太极"者，其兼形体、理气、象数之始乎？非止荡荡苍苍

之谓也。（22a-b）

宋明理学将儒家学说和释道思想加以融汇贯通，成为后世在中国文化中占统治地位的学说。高母羡对所谓的新儒学报以开明态度，利用它来诠释天主之道。他认为中国的主流思想与天主教之间的不同仅仅在于语言表述：虽然各种语言对天主叫法多样，但所指是相同的。因而高氏归化地将"天主"直接翻译为"无极""太极"。然而中国的"无极""太极"这些概念和天主教唯一的神仍是有区别的，因为它们是基于道家思想的"无"，类似于佛家的"空"，而不具备神的位格。《周易·系辞上》中说："阴阳不测之谓神。"[154]中国人认为神是不可知的、变幻莫测的，而不是西方托马斯神学中的具备特定神性的造物主。

除了借用上述宋明理学的概念类比地诠释天主，高母羡在论及天主教的核心问题时也经常利用中国经典来说理，例如，他在介绍恩典论时引用《孝经·圣治章第九》"天地之性，人为贵"的说法，论述了斯多葛主义哲学的重要思想——神对人有特别的关照，只有人类具有超出物质的部分（理智和德行），能够认识物质的本原，即神。经院神学承袭之而认为神为人类创造万物，而作为人类应当敬奉、报答神：

况天地性，人为贵，知所报本，而致敬致祭，精白一心，以呈天主

无极之尊。（19b）

中文经典中的"天地之性，人为贵"是基于人本主义思想传统，而高母羡想要传达的是与其背道而驰的观点——天主的恩典。

高母羡向华人传教过程中非常努力地适应中国文化语境。当大明学者引用《孟子·离娄下》之句"源泉混混，不舍昼夜。盈科而后进，放乎四海。有本者如是……"（39a）[155]，询问高母羡如何理解此句中的"本"时，高氏回答说是"气"。"气"在宋明儒学是相对于"理"的哲学概念，它指的是形而

---

151 西班牙语 Dios 音译，"上帝"之意。

152 拉丁语 Deus 音译。

153 Jehová 音译，"上帝"之希伯来语名。

154 郭彧译注：《周易》，第361页。

155 [战国] 孟子：《孟子》，第177-178页。

下之器。原句中的"本"虽然也指源源不断的泉流，但暗含的意思是自然之道及博大无私的德行。然而，高母羡所说的"气"实际是指古希腊哲学中组成世界的四种基本元素之一，即地、水、气、火中的"气"。他从气象学角度解释了气如何运水至高山处，遇到地则化成水。之后他感叹道："故地之与水也，言其体也。气之行地水也，言其用也。体用之相须，其功大乎！"（39b）高氏将"体"与"用"的二元论观点纳入自然现象的西方科学解释。而在此句背后隐约可见的是被阿奎那广泛吸收的亚里士多德关于实现和潜能相互转化的西方哲学思想：水行于地是水既然实现的状态，高母羡借用"体"的概念翻译之；而水气则尚处在凝结成水前的潜在状态，被翻译成"用"。可见高氏融合中西形而上学、博得中国学者认同感的强烈意愿。

高母羡同时代的耶稣会看到了中国人对天的崇敬在某种意义上类似于西方的宗教情感，且同样具有弘扬道德价值的作用。因而他们在传教时对天及其拟人化的称谓"上帝"加以归化地借用。然而，耶稣会、多明我会两个修会间在这一时期就已开始围绕可否着儒服和敬天祭祖等问题发生争论。高母羡是多明我会神父，当然选择了否定敬天。从《实录》来看，高氏理解的中国人敬天，仅仅是敬"天体"之"天"：

> 《明心宝鉴·天理篇》有曰："天虽高矣，而听则卑非高也；天虽远矣，而视则近非远也。"《太誓》有云："天视自我民视，天听自我民听。天之视听，皆从于民之视听。"如此，则天真非高远也，都营在人心方寸[156]中矣。僧感此为之辩曰："若以天体为尊之至乎，无二上也；以天体为大之至乎，莫可逾也，则何不以高且远处之哉？使高远之象，可以拟有形之天，何人心之小，能包夫无外之天者乎？"（21b）

尽管高母羡反对敬有形之天，但他将中国经典中的"天道"与上帝造物主的性质统一起来，认为中国人的"天道"实际就是天主：

> 盖唯天道运而无所积，故万物生；圣道运而无所私[157]，故天地位。明于天道、通于圣道者曰：天地无全功也，圣道有全能也![158]（28b）

---

[156] 此句似借鉴邵雍之诗《天听吟》："天听寂无音，苍苍何处寻。非高亦非远，都只在人心。"

[157] 引自《庄子·天道第十三》。［晋］郭象：《庄子》，第211页。

[158] 高母羡此句改自《列子·天瑞第一》："天地无全功，圣人无全能，万物无全用。"

中文经典中的"天"肯定不只是有形之天或天体，但不可否认其中包含自然之意。楼宇烈先生认为：中国传统文化中的"天"起源于自然崇拜，由此延伸出天命之天的含义。[159]中国古人认为天地万物有其自然的规律和秩序。道法自然：人应当学习天地万物的德行，遵从自然的秩序，协调自身心性。个人应追求内圣外王的境界，自然国家和社会则可以和谐有序、礼乐文明。这就是所谓的"顺天命"。因而中国文化中的"天"象征着自然秩序、万物规律、人伦礼法的根本。它是至高正义的，常常用来表达最根本、最重要的意义。天人合一的思想奠定了中国千百年来的礼乐文化，在百姓的精神世界中起到宗教对西方人的作用。上引文中"天视自我民视，天听自我民听。天之视听，皆从于民之视听"，反映的是君主的天命取决于人民是否认可和拥戴他（而非神谕），这不仅符合天人合一的理念，更体现了人本主义的中国传统思想。

中国人所信仰和崇拜的"天"其实并不是割裂了物质与精神性的概念。中国儒家、道家文化很大程度上源于《易经》。南怀瑾认为《易经》的哲学是心物一元的[160]：既不是唯物主义的，也不是唯心主义的，而是二者统一的。因此"天"既是指有形之天、宇宙、自然，又意味着其中包含的至德。而高母羡作为西方传教士，自然抱有西方分析式的思维，着意将有形之天与"天道"之天或"天命"之天做区分。他一方面利用其抽象、精神性的部分，而另一方面则批评对形而下之物的崇拜：

> 彻上彻下，无所不包；成大成小，无所不及。皆无极之至德，所包而所及也已。故谓"苍苍"者然乎？谓"颢颢"者然乎？曰：非也！"苍苍"者，形耳；"颢颢"者，气耳。实天主妙无形气之精，亘万古而不息、不遗者。故曰："维天之命，于穆不已。"[161]夫言"天"而曰"命"，言"天命"而曰"不已"，兹所以为天主乎？兹所以为无极乎？是故世人仰睹无极，丕显至德。举光天之下，孰不称扬而神灵之哉？（35b）

针对中国人无位格神崇拜的文化，高母羡以一种灵巧的、重视中国传统经

《列子》的原句传达的是不绝对化地对待万事万物的思想，而高氏仍坚持认为唯有基督教是全能的"圣道"。

159 楼宇烈：《中国的品格》，第52-58页。

160 南怀瑾：《易经杂说》，第217页。

161 语出《诗经·周颂·清庙之什·维天之命》："维天之命，于穆不已。"

典的方式去补改其精神信仰。例如，《周易》"序卦"中说："有天地然后有万物，有万物然后有男女，有男女然后有夫妇，有夫妇然后有父子，有父子然后有君臣，有君臣然后有上下，有上下然后礼义有所错。"[162]高氏受过经院主义神哲学训练，读到这段中文经典，基于托马斯神学的五路论证[163]和《圣经》的教义纠正道："有天主而后有天地，有天地而后有万物，有万物而后有男女也。"（32b）中国传统思想是观自然之道以协调人心人伦的无神哲学，高氏如此一改，原本对天地生养万物的感恩被巧妙地转移到了天主那里，自然崇拜变成了对神的崇拜。

作为天主教传教士，高母羡肯定要批驳其他本土宗教。明末菲律宾的华人多为水手、工匠和商人，他们将中国传统民间信仰带到菲岛。中国民间宗教信仰是不分佛教还是道教的神祇，只要灵验就膜拜的一种实用主义信仰。这和佛家、道家的思想存在一定距离，因为信徒不需要理解宗教教理，只需诚心相信。高氏在批评民间佛道宗教乱祀鬼神的习俗时借用了圣人孔子的言语：

> 惑邪说而尚淫词，纷纷四出，是以礼三界之说者（有）之，祀鬼神之说者有之。又如臧文仲有藏龟之祀，王孙贾有奥灶之媚。噫！习俗移人，虽贤者不能自免矣。（18a）[164]

高母羡用中国上人的上层文化经典批驳下层民间文化的信仰，这也是他适应本土文化的传教策略之一。

综上所述，高母羡看到了中国哲学概念"太极""无极"与上帝的一致性，因而试图用宋明理学来诠释天主教理。尽管这两者有一定的相似性，但毕竟是基于两种不同的哲学背景。高氏传授的是基于自然神学的托马斯主义经院哲学。虽然相较于强调绝对精神的传统神学而言比较理性、基于实体，但毕竟它是建立在信仰的前提下，以神为一切科学和哲学研究的最终归属。而中国哲学则是通过研究天地间的自然万物来悟道，最终回归人生和人伦，缺乏宗教热忱。因此，高氏着意研究中国文化，平等、真诚地与中国学者对话，用中国

---

162 郭彧译注：《周易》，第 416 页。

163 （意）圣多马斯·阿奎那：《神学大全（第一册）》，第 28-30 页。另见《反异教大全》第一卷第十三章：Tomás de Aquino. *Suma contra gentiles*. Tomasdeaquino.org, https://tomasdeaquino.org/capitulo-xiii-razones-para-probar-que-dios-existe/, Accessed on July 29, 2022.

164 "臧文仲有藏龟之祀，王孙贾有奥灶之媚"典出《论语》。见孔子：《论语》，第 31、60 页。

哲学概念对基督教义加以类比和诠释，以便让中国人更容易接受基督教理。而且他还试图将西方神哲学家的学说与中国的形而上学加以类比融合，这表现出他对中华文化的积极态度，也必然促进其传教事业。

三、文化交融需要平等对待和相互尊重

从高母羡的作品和书信可以看出，这位最早对华传教的多明我会士具有比较高的中国文化修养，对中国文化秉持高度认可，极力寻找中国本土思想与基督教相同的方面。《实录》使用对话体和中国学者平等地探讨中西经典中的哲学问题。高氏翻译《明心宝鉴》，希望能够以中国经典中的智慧影响欧洲的上层社会。无论是翻译、写作，还是出使日本，高氏都请中国人协助。这些事实不仅反映出他对中国文化的积极态度，从历史的角度看也促进了中西文化的最初交流与会通。

中西方从语言文化到传统思想都存在很大的差异性，而且各自具有其多样性和高度的文明。历史经验告诉我们，在中西文化交流中，只有本着相互尊重的态度进行平等交流，才能取得文明交流融合的作用。以佛教为例，作为中国三大思想根源之一，它起初也是舶来品。自汉朝传入，至七世纪完全融入中国，佛教已经相当汉化了。葛兆光先生认为：并不是佛教征服中国，而是中国使佛教发生了根本的转化。[165]六祖惠能吸收了中国本土的道家思想对自由超脱的追求，开创了禅宗这一中国佛教的派系，因而使佛教更为熟悉老庄思想的中国士大夫们所接受。观音菩萨到了中国也明显地本土化了。人们将这一佛教神祇和中国的民间传说联系起来，出现了鱼篮观音、妙善观音等本生故事及中国特有的女性观音形象。

各种外来宗教在中国发生适应性改变，一个重要的原因是古代"天子"的无上权威深深扎根于中国"天人合一"的文化特征中。中国古代的皇帝以及朝廷掌握了政权、话语权和神权，不像西方宗教的神权力量是和世俗的皇权相抗衡的。因此古代中国的各种宗教都屈服于皇权和主流意识形态，发挥辅助性的功能，并在这种范围内调整政治和伦理规则。古代中国人并不是完全没有精神信仰，从上层到普通民众，人们普遍敬奉"天地君亲师"："天地"为生之始，"君师"为治之始，"亲"则为类之始。在这样的文化环境中，原教旨主义的做法很难取得良好的效果。

---

165 葛兆光：《古代中国文化讲义》第五回、第六回。

每一种异质文化传入，都要经过接受者的解释和想象的演绎。有了自己的文明，才能想象和解释外来的文明。所以，文化接触中常常要依赖转译。这并不仅仅是指语言的转译，而是有赖于原有历史和知识的转译，因而它其实是一种新的理解。即便不是在历史悠久、高度文明的文化中传播一种外来文化，只要存在不同文化的碰撞和交流，这种转译就必然发生。拉丁美洲有一些圣母像是黑人面相，说明基督教在当地传播的过程中同样适应了那里的黑人、混血种族的文化，吸收了非洲的某些民间传说。可见一种文化要传播、要在他族文化中起作用，不可能原原本本地保有它最原初的形态，而是在融入他族文明的过程中必然地发生变化。

高母羡虽然没有和耶稣会一样同意中国人敬天，但他至少意识到文化传播中适应本土文化的重要性，尊重中国文化，能够利用本土思想来进行传教。他以后的多明我会士在对华传教的过程中以原教旨主义为宗旨，拒绝接受中国的官方文化，反对敬天祭祖，反对使用中国本土的思想和概念去转译天主教教理。这一方面使菲岛的对华传教性质失去了文化传播的纯粹性，带上了文化统治的色彩：为加强西人的殖民统治而对当地华侨华人进行文化上的强行同化，不但没有促进文化的交融，反而造成压迫和反抗，甚至导致暴力冲突。另一方面，多明我会的排儒倾向还延伸到了十七世纪，该修会在中国传教期间与耶稣会发生"礼仪之争"，破坏了天主教在中国的发展。

历史的经验教训告诉我们，当今社会的中西方文化交流必须抱着开放包容的态度取长补短。既要反对西方文明优越论，又要反对对中国文化的盲目自大。只有真正树立起一种尊重与平等的态度，才能取得文化交流的平等分享、交流融合，而非冲突对抗。

第四节 多明我会转向原教旨主义

尽管早期多明我会对华传教上高母羡表现出了对中国文化的极人好感，并在传教时着意利用中国经典中的思想，实现中西方形而上学的平等对话与交融，但从 1600 年后出版的菲律宾中文刻本来看，多明我会在十七世纪初已渐次转向原教旨主义。这一点突出地表现在《格物》的作者多麻氏身上。但原教旨主义并非这位 1602 年才来到菲律宾的传教士的个人倾向。黎尼妈是 1587 年就来到菲律宾的第一批传教士，1590 年就被刚上任代理主教的高母羡调任华人牧师[166]，可他 1606 年的作品《僚氏》在风格上更接近于《格物》，而不是《实录》。下文就以多麻氏的《格物》为代表，兼顾黎尼妈的《僚氏》，论证对华传教的多明我会早在未登上中国大陆之前就已开始转向原教旨主义。探究这一转向的表现及其历史背景原因可为解释十七世纪多明我会与耶稣会传教士在中国发生的礼仪之争拓宽历史维度。

一、1600 年后的多明我会中文作者转向原教旨主义的表现

其一，《格物》是《实录》的续写及重写这一事实，彰显出多明我会在十七世纪初已经不再能容忍以中国本土思想去诠释天主教理的做法。高母羡在其作品中大量利用宋明儒家的哲学概念，如"理""无极""太极"等，并将其与天主教神学混为一谈，借此劝皈中国人。有些对中文经典的引用与天主教义相违背，例如，《实录》中引用朱熹的"太极也者，动静无端，阴阳无始"[167]（40a）否定了天主创造世界。多麻氏的《格物》与《实录》基于同一欧洲底本——格拉纳达的《信仰之信征导论》，实际是对前作《实录》的续写和重写，以求在传教中取代之。黎尼妈在《僚氏》中也只字不提高母羡在《实录》中大量使用过的宋明理学概念。

其二，多明我会在基督教术语的翻译处理上，从归化转向异化。高氏翻译基督教的神学概念倾向于在中国文化中寻找对应物，使译文适应受众的语境；而黎尼妈和多麻氏的作品为了避免基督教术语翻译偏离教义正宗，均以音译为主，辅以解释性翻译，极少用目标语文化的对应物进行对译，只是偶尔将不同文化中的对应物做类比，以辅助理解。这一点也说明 1600 年后多明我会的中文传教更注重原教旨的传播，而放弃了中西文化相似事物和概念的交流互通。音译词在中文传教作品中大量出现，降低了中文的流畅度，阻碍了读者的理解。即便如此，多明我会也要保留基督教术语的原貌，避免与目标文化中已存在的事物和概念发生混淆，或引起布教对象理解的偏差。

其三，黎尼妈和多麻氏对中文经典采取审慎利用的态度。这两位作者并没有像高氏一样将中文经典的语码嵌套在其作品的行文中，而是采用比较平实的白话文。他们在引用中文经典时通常明确点出被引语句的出处，如"孔子曰""孟子亦有曰"；或明确该句的引述性质，如"古有曰""故曰"

---

166 Gayo, p.57.

167 ［宋］黎靖德编：《朱子语类》，第 1 页。

"正所谓"等。

多麻氏与黎尼妈对中文经典的熟悉程度不亚于高氏。高氏的《实录》是在中国写手的协助下共同写成的。黎尼妈写作时已在华人中工作了 15 年（1590-1605）之久，多麻氏有 4 年（1602-1606），而高母羡撰写《实录》时接触中文至多 4 年（1588-1592）。黎尼妈在语言方面天赋异禀，他 1587-1590 年在巴丹（Batáan）传教，短短两三年间就熟练掌握了他加禄语。《僚氏》《格物》均为五六百页的厚重作品，其中都引用了朱熹注释的"四书"、《诗经》、《孝经》等经典，及《明心宝鉴》《增广贤文》等明朝流行的童蒙类书，只是没有高氏那样频繁。为了解中国历史，多麻氏还参考了《史记》和通鉴、纲鉴类通史。因此，十七世纪初刊布其作的两位多明我会中文作者的语言水平和对中国文化的了解程度不可能在高氏之下，而且他们在学习中文、认识中国文化的过程中接触到的中文书籍是一致的。

《僚氏》《格物》引用儒家经典的数量和频繁程度大不如《实录》：据统计，《实录》全书 120 多页，总字数不超过 3 万，包含近 40 处对中国古典文献的引用；《僚氏》全书 504 页，近 7 万字，引用中文经典 30 多次；《格物》全书共 628 页，中文字数在 14 万以上，其中却只有不到 20 处引用中文经典（见附录二）。

高母羡将天主的本质与"理""无极""太极"放在一起类比，且肯定二者只是名称的区别不同而已。而黎尼妈和多麻氏引用的中文经典语段基本不涉及儒道核心概念，只是说明一些浅显的道理，在文中起到增强说服力的作用，不会跟耶教发生混淆和歧义：

　　A.《僚氏》：工欲善其事，必先利其器。（下卷 81b）

　　　　《论语·卫灵公第十五》：子贡问为仁。子曰："工欲善其事，必先利其器。"[168]

　　B.《僚氏》：有规矩乃能成方圆。（上卷 1b）

　　　　《孟子·离娄上》："离娄之明，公输子之巧，不以规矩，不能成方圆。"[169]

　　C.《格物》：及今予之将书之道，则在此初层梯，而升登次序渐进。汝等若用心详究彼既书之道，后则易晓此将书之理。正所谓"温故而知新"也。（54b）

168　［春秋］孔子：《论语》，第 235 页。
169　［战国］孟子：《孟子》，第 145 页。

《论语·为政第二》：子曰："温故而知新，可以为师矣。"[170]

另见《中庸》：温故而知新，敦厚以崇礼。[171]

D.《格物》：故曰："尽信书，则不如无书。"（142a）

《孟子·尽心下》：孟子曰："尽信《书》，则不如无《书》。"[172]

黎尼妈引用的大部分中文经典出自《明心宝鉴》《增广贤文》等童蒙类书收录的俗谚和名人名言（见附录二），更容易为普通百姓所接受，也没有混淆中西哲学概念的风险：

A.《僚氏》：俗云："来说是非者，便是是非人。"（下卷101b）

《增广贤文》：来说是非者，便是是非人。[173]

B.《僚氏》：俗云："桑条从小抑，长大抑不屈。"（下卷99b）

《明心宝鉴·训子篇》：桑条从小抑，长大抑不屈。[174]

C.《僚氏》：书云："养子不教父之过。"（下卷99a）

《明心宝鉴·训子篇》：司马温公曰："养子不教父之过，训导不

严师之惰。[175]

黎尼妈与多麻氏在其作品中完全摒弃了"理""气""道""太极""无极"等道家和新儒家的哲学概念，却引用了颇多中文经典里关于从善弃恶的语句。他们似乎认为儒家的"爱人""仁心"的伦理原则与天主博爱的思想相合，可资于传播福音之用。因而《僚氏》《格物》这些多明我会的传教本册带有民间善书的色彩：

A.《僚氏》：此正所谓"习于善则善"者也。（下卷98a）

《四书章句集注·论语集注·卷九》：子曰："性相近也，习相

远也。"

朱注：此所谓性，兼气质而言者也。气质之性，固有美恶之不同矣。

然以其初而言，则皆不甚相远也。但习于善则善，习于恶则

恶，于是始相远耳。[176]

---

170 ［春秋］孔子：《论语》，第17页。

171 ［宋］朱熹：《四书章句集注》，第35页。

172 ［战国］孟子：《孟子》，第319页。

173 文绍安编：《增广贤文》，第7页。

174 ［明］范立本辑：《明心宝鉴》，第60页。

175 ［明］范立本辑：《明心宝鉴》，第59页。

176 ［宋］朱熹：《四书章句集注》，第175-176页。

B.《僚氏》: 书云："勿以恶（小）[177]而为之，勿以善小而不为。"
（上卷 106a[178]）

《明心宝鉴·继善篇》: 汉昭烈将终，敕后主曰："勿以恶小而为
之，勿以善小而不为。"[179]

C.《僚氏》: 是故俺本头西士奇厘实道鉴中，每教人时常念经不可间
断。且书有曰："一日不念善，诸恶自皆起。"（下卷
82a）

《明心宝鉴·继善篇》: 庄子曰："一日不念善，诸恶自皆起。"[180]

D.《格物》: 其爱人如爱己，孰不谓之为至理？古有曰："将心比
心，比我似人。""己所不欲，勿施于人。"此我净水
之正律法。（258b）

《论语·卫灵公第十五》: 子贡问曰："有一言而可以终身行之者
乎？"子曰："其恕乎！己所不欲，勿施于人。"[181]

《明心宝鉴·存心篇》: 将心比心，便是佛心。以己之心，度人
之心。[182]

其四，多麻氏在《格物》中对中国民间信仰逐一进行了抨击。[183]抨击对象
包括佛教的释迦、弥勒、观音，道家的妈祖和张天师，以及中国人的天地崇拜。
他所抨击的内容基于广泛流传于普通百姓的俗文学，即民间传说、小说、戏曲
中的仙佛故事，而不是儒家经典、道家学说或佛经。他为了说服更多菲律宾华
人放弃"偶像崇拜"，转而受洗成为基督徒，利用中国士人文化对民间信仰的
压倒性作用来达到上述目的：

予亦知汝中华，有多明智之士，不信神明之邪说。近闻昔有黄推官，
真知尫佛之诞诱，凡遇神庙，则尽行烧毁。倘为正经事理，皇帝何

177 原书漏一"小"字。
178 现存《僚氏》唯一藏本——奥地利国家图书馆藏本——从上卷第 97a 页开始页码
错写成"上八十九页"，直到上卷终。凡此文中引用《僚氏》上卷第 97 页后的页
码均为改正过的。因此，如须查原书对应位置，应在此处所标页码上减去 8。例
如，这里所标"上卷 106a"在书上标号为"上九十八"。
179 ［明］范立本辑：《明心宝鉴》，第 7 页。
180 ［明］范立本辑：《明心宝鉴》，第 7 页。
181 ［春秋］孔子：《论语》，第 241 页。
182 ［明］范立本辑：《明心宝鉴》，第 43 页。
183 （西）多麻氏：《格物穷理遍览》，第 307b-314b 页。

肯容之？又于民间妻妾，或进庙烧香献纸。夫男知之，则必阻止。

或有从之者，亦乃愚昧村夫之辈。在乎高明之士，则不如是矣。又

大明律法，尝禁扶鸾祷圣，假降邪神一款。（《格物》306b）

如果说多麻氏作为传教士抨击中国本土宗教是必然的（西方的基督教与本土宗教争夺信徒），那么他对中国上古史的否定，则更能说明他独尊基督教文化的排他态度：对于中国史书中记述的内容，只要在《圣经》中找不到相关的人物、事件，或时间与《圣经》历史不相吻合，他统统予以否定：

A. 此事多虚少实，极差讹。但予真知于尧时，洪水为灾，氾滥天下，止有一年。非若汝鉴中，道有百余年，洪水乃息。（135b）

B. 虽未氾滥之先，有汝国土，以予考之，自太古三皇至禹，年纪实有差讹。然此事汝若用心究玩，亦不难知。为其自太古天皇、地皇、人皇、有巢、燧人，俱不定记在位年纪，亦无授受子孙。（137a）

C. 予亦稽考汝历代帝王年纪，自天皇至禹洪水时，有四万余年，此又太谬无稽之说。予真知自太古天主化成天地，及化普世人祖哑兰（亚当）时，算至懦挨（挪亚）氾滥间，止有一千六百五十六年，二千之数尚不满，岂有四万余年之差乎？予于前书哑兰相继相授至懦挨水灾时，汝可自计算，方知止有一千六百五十六年。懦挨水灾之际，乃当尧舜禹洪水之时，其事的实。（144a-b）

他斥中国上古史中的祖先伏羲、神农为魔鬼、妖怪：

A. 如此，伏羲之教人杀牲祀神祇，乃恶鬼之行矣。……亦始画八卦教人占卜，可知未来之事。此岂不为邪说妖术之行乎？（142a）

B. 又予观鉴，称彼伏羲之母，履巨人迹，绕动虹而成孕生羲，此孰不谓乃妖怪之事也？又言伏羲乃人首蛇身，其妖怪尤甚矣！其为魔鬼益真矣！……彼伏羲之身如蛇，可以人而名之乎？此真魔鬼变态，为人首蛇身，计以惑人。如上古之谎人祖食禁果者，即此状也。
（143b-144a）

C. 又炎帝神农，牛首人身。何以异于伏羲之人首蛇身？且不可以人为名，而况可以为帝王乎？人而非人，兽而非兽，魔鬼之态真如是也。（144a）

多麻氏将大禹治水和挪亚时期的大洪水联系起来，以《圣经》为据，指出中国史书中的记载由于"久远忘忽""字语多变"而致失真：

> 但予量汝夏禹时，略闻水灾之事，传于后人。后人得其传，而失其
> 真，久远忘忽，便作鉴为夏禹治水有功也。（136a）

> 予愈疑汝唐人，乃洪水休息时，或懦挨，或其子孙继人，便往唐山。
> 后至一百三十三年，音语乃变多般。语既异，而字亦异矣。（136b-
> 137a）

多麻氏在《格物》中猛烈抨击中国文化。相比之下，黎尼妈稍显温和：他除了在《僚氏》中批评华人读淫秽诗词以外[184]，并没有过多地指摘中国文化。

其五，《僚氏》和《格物》的字里行间透露出十七世纪初多明我会在文化上的优越感，及对华人进行文化同化、文化统治的倾向。例如，下文中多麻氏表达了只有受洗成为基督徒才可以开启心智、获得真知，而非信徒则遭到鄙弃：

> A. 然此事，俺本头僚氏，虽要与人说知，亦不与凡人均知，但与净
> 水[185]人——已入他教门者——说知之而已，要他奉事之。故我净水
> 人，惟真知之，与之为记号，乃他正教门中之属民。此乃本头僚氏，
> 大有恩德于我净水入教者也。若此世之人众，苟知谦卑自处，要入
> 此本头僚氏正教门中，专心奉事他，拜之为真正本主，此本头亦赐
> 之此大恩德，开启其心，使之识达此大道理，尤要庇祐之、扶护之，
> 使能专心信此大事，如助我净水者一理也。（《格物》69a-b）

> B. 若我入教人，专心深信僚氏正道之力，乃本头僚氏自赋于我分晓
> 中，使我能识此极大微妙之正道正理，而深信之也。如此则彼信诸
> 别事之力，奚可与此信僚氏正道之力比哉？（《格物》71b-72a）

《僚氏》整本书的内容都是关于基督徒的行为规范和基督教提倡的伦理道德：详细解释"十诫""教会五禁"和"七宗罪"（上卷49b-54a），教人如何忏悔、念经、祈祷、参加弥撒、领圣餐、事奉上帝、抵还上帝罚罪及其他基督教生活中的行为规范及其提倡的道德。因此写作这本书的初衷就是灌输基督教文化的律法和道德，引导华人信徒融入基督教生活，从而达到从生活及思想上同化华人，以便对其进行统治的目的。例如，在讲解教会五律时，黎尼妈结合菲岛当地的征税情况要求华人教徒必须按规定交税：

> 地上所收之物，当先送入庙感谢僚氏之德。亦当加一抽供奉巴礼。

---

184 黎尼妈：《僚氏正教便览》，上卷第34b页。
185 受洗。

入教人凡有所收之物，合当十分之一供给巴礼。为其巴礼专心事奉
僚氏，昼夜诵经，恳求僚氏荫佑世人，为人解罪，不得作工求利，
故当如是派也。但山厨巴罢怜汝新入庙，且黜免之，特令汝纳朝廷
此少门户，朝廷将此门户钱分散与巴礼粮食准代加一抽之事。是故
入教人当纳朝廷门户，不可逃避，违者有罪。（《僚氏》上卷49a-b）

黎尼妈还严词指出信天主教则应放弃一切其他信仰，甚至包括原来的风俗习
惯；不信基督教就会下地狱：

第十三件助人作好事，乃决要弃世之财物。莫从别类之乡俗，为其
僚氏道理至中至正，与世之异端者大不相伴。人若要专心奉事僚氏，
不能苟合世人……人魂之心，止有一个，若专心奉事僚氏，则不能
从彼异端邪教……（《僚氏》上卷116b-117a）

须记得西士奇尼实道他在居律上有意命汝而来，他要受汝，要庇荫
汝。可实心从之，不可伪为耳聋不听之。莫使异日弃汝于幽狱之中，
乃汝之自取罪咎也。（上卷17a）

比较1592年出版的《实录》和十七世纪初问世的《僚氏》和《格物》，可
以清晰地感受到多明我会这二十年间传教政策的收紧：传教士对华人乃至中
国文化的态度发生转变，由原来的赞赏渐渐转为轻视和否定。另外，其传教重
心从有文化的士人阶层明显下移至普通民众：高母羡的《实录》以文言文写作，
风格典雅，试图与中国的读书人交流、探讨中文经典中的儒道思想与基督教的
一致性与优劣，并以此引导华人信从天主教。而到了十七世纪初，多明我会传
教著作改用白话文，多引用通俗易懂的中文经典语句或俗谚。其传教著作的定
位从哲学经典降至了民间劝善类书籍。说明这一时期多明我会开始面向当地
众多的华商、渔民和手工业者创作其作品，脚踏实地地展开对菲岛华侨的教牧
工作。同时，之前中西平等对话的姿态也随之消失，而是由文化交流转向文化
统治。

上述不同时期的多明我会中文著作所体现出的转变不仅仅源自个别多明
我会中文作者对中国文化的好恶，而是整个多明我会在当时对华态度的浓缩
反映。这一点在两位多明我会的菲律宾主教的信件中得到更直接而集中的反
映。比较先后担任菲律宾总主教的两位多明我会士——萨拉萨尔和贝纳比德
斯——分别于1590年和1603年华人起义前后写给西班牙国王的信，他们关
于华人的描述反差极大。尽管萨拉萨尔批评了华人的贪婪，但他在信中热情洋

溢地赞叹了华人聪明灵巧，并细致地描述了华人为菲律宾提供粮食、蔬菜、鱼、肉、药品等给养，华人中有园丁、裁缝、金银匠、木匠、建筑工、装订工、画工、雕刻艺人、绣工……他们能够很快地用石头建筑房屋，根据西方的款式制作衣物和器具，为教堂雕刻和绘画神像[186]：

> 他们又灵巧又聪明，只要看一眼西班牙工匠做的东西，就能做出来。我最惊讶的是，我还没到这里来的时候，他们就懂绘画的人画出了相当了得的作品。他们精于此道，不仅画得好，还会塑像。他们制作了精美的作品。我觉得他们雕刻的一些小耶稣的象牙雕像不能更完美了，见过的人都是这么说。他们给教堂源源不断地提供自己做的神像，之前这些东西很缺。视其仿制西班牙画像的功力，很快我们就不需要弗兰德斯地区制作的这类画像了。画师如此，绣工也一样，他们制作的绣品非常完美，并日益精进。

这位主教不遗余力地宣传华人的聪明，无疑是想劝说西班牙国王用十字架征服中国的可行性和巨大意义。他告诉国王有两位非常好的华人不惜冒着失去一切的风险，主动提出用他们的船搭载西班牙传教士赴中国传教。[187]在他的描述中，尽管这些中国人并不是基督徒，但他们和西班牙人是朋友："这个消息传开后，所有商来朋友（在非信徒中我们有很多这样的朋友）都表现出极大的喜悦……我把这两个华人称为非信徒，尽管他们可能不缺信仰，他们有一切好人的品行，希望上帝很快把他们变成基督徒。"[188]

而贝纳比德斯主教则多次在发往西班牙宫廷的信中指责华人男风甚重，甚至带坏了当地土著。他强烈要求菲律宾统治者驱逐华人，并将土著与华人更加严格地加以隔离。[189]他说："看在上帝的分上，那些有此恶习的人应该被逐出陛下您的领土，他们的黑涧内应该被没收。他们必须全部回他们自己的国家去。来做生意的人应该待在船上，至少晚上如此。""陛下不要以为他们只是在马尼拉附近，他们在整个国家到处分布，把这种魔鬼的罪行（鸡奸）和其他的恶习，包括他们邪恶的教化到处散播。"

男风在中国明清时期最为兴盛。蓄养男宠的往往是那些相对有权势的人，

---

186 Cervera 2015, pp.110-115.
187 Cervera 2015, pp.116-117.
188 Cervera 2015, pp.116-117.
189 见 1603 年 7 月 5 日信和 1605 年 2 月 3-9 日信。Blair & Robertson, vol. XII, pp.101-127; vol. XIII, pp.271-286.

而提供性服务的男性则地位低贱。这在明朝法律中并没有被明令禁止，但对于西班牙人来说这属于令人发指的罪行。早在西哥特时期就规定这项罪恶要承受阉割的刑罚，其后刑罚越来越重，十三世纪这种行为被认定为反自然的，犯人不仅要被当众阉割，还要被倒吊起来至死。根据天主教义，上帝造人的生殖器仅为了繁殖，只能为此一目的实施性行为，不能实现繁殖的性行为都被作为反自然的。改变神造物的本然样子是最严重的罪。十三世纪末欧洲针对鸡奸的通常刑罚是火刑。因此十六世纪的欧洲人认为同性恋罪大恶极。尤其是西班牙天主教双王费尔南多（Fernando）和伊莎贝尔（Isabel）光复伊比利亚半岛的过程中，曾对穆斯林中犯此罪者大规模地严加惩戒——此罪通常被基督徒认为是异教摩尔人（西班牙的穆斯林）的典型罪恶。十六-十七世纪这类案例明显增多，但大部分被惩戒者没有被烧死，尤其是十七世纪下半叶开始，刑罚多为在船上做苦役、鞭刑或放逐。[190]

因此，鸡奸在西人中是最严重的控诉。在殖民地背景下指出当地土著的鸡奸行为，成为将侵略战争正义化的口实之一。贝纳比德斯倒没有主张用武力征服中国，但他援引天主教双王驱逐摩尔人的历史劝说菲利普三世严令驱逐华人，显然将华人当作了基督教的敌人和菲律宾的危险分子。他说："上帝会用火烧死我们所有人，或用其他的方式摧毁我们，鉴于我们作为基督徒，在我们自己的国家容忍如此耽于这种恶习之人。"[191]

萨拉萨尔主教对华人男风绝口不提，难道是 1590 年菲律宾西人还没有发现此种现象吗？其实不是。早在 1576 年菲律宾总督桑德（Francisco de Sande，这位总督就是武力侵略中国的积极支持者）写给菲利普二世的信中就曾抨击过华人是"鸡奸者"（sodomitas）。[192]萨拉萨尔自 1581 年起在菲律宾任主教，此后菲岛的华人人口规模有增无减，主教不可能对此毫无所知。只能说第一任菲律宾主教对华人态度相对积极，并寄望得到菲岛华人的帮助，以便很快拓展多明我会在东亚的传教区，将福音带到广大的中国去。

贝纳比德斯主教为何如此敌视非教徒华人呢？他是菲律宾多明我会的奠基者之一，1587 年一来到菲律宾就在当地华人教区传教，最早习得中文，并于 1590 年在华人的帮助下亲赴中国。虽然他这次去中国没能在那里居留下来，建立多明我会的传教点，但应该说他对中文和中国文化的了解比萨拉

---

190 Folch 2010 (1), pp.11-17.

191 Blair & Robertson, vol. XII, pp.101-127.

192 Folch 2010 (1), p.8.

萨尔要深。难道他是因为在中国被捕的不堪境遇而痛恨华人？但他 1595 年将高母羡的《明心宝鉴》译稿呈给国王的献词明显有赞扬中华文化、反对武力征服的立场：

> 现将此初步成果呈献卡斯蒂利亚王储殿下。本神圣教区（多明我会菲律宾圣罗萨里奥教区）希望它预示着那个伟大而令人敬仰的帝国将双手合十，祈求得到我主和殿下您的保护，给他们带去上帝恩赐于西班牙的信仰之光；但愿这唯天主教会及其信徒所深谙的天国的智慧、道理、至德和圣治能以和平友爱的方式向他们传达……[193]

贝纳比德斯前后提及华人语气的差异，恐怕只能从不同的政治形势和菲律宾社会的变化中去寻找原因。

二、多明我会转向原教旨主义的原因

多明我会在菲岛建立教区之初（1587-1591）即定下用十字架征服中国的目标。《实录》写作于这一时期（1591-1592），此时刚刚来到东方探索传教路径的多明我会仍对进入中国抱有极大的希望和信心。究其原因，一方面是因为刚刚来到东亚的多明我会对入华传教仍缺乏经验。另一方面，鉴于多明我会士自中世纪后期以来就是教会中的学术精英[194]，最初报名去菲岛传教的多明我会传教士也都是西班牙各大学的饱学之士[195]，他们对探索古老、神秘而具有灿烂文化的中国抱有极强的好奇心和求知欲。尽管此前试图登陆中国传教的其他修会的西班牙神父纷纷被逐，未能留在中国本土展开传教活动，但多明我会将预定论和恩典论奉为要旨（十六世纪末与耶稣会就上帝的恩典与人的自由意志的先决性问题展开激烈的争论[196]）。因此他们不顾此前奥古斯汀会和方济各会修士从菲律宾入华的失败经验，也无视在华耶稣会的极力反对[197]，怀抱一腔热忱，主观臆断多明我会入华是上帝的特别恩旨[198]。

在这一背景下，菲律宾的多明我会一直非常关注耶稣会在华传教的进展（见本章第三节）。至少高氏对耶稣会的适应策略表示同情和理解：他预见到如果多明我得以如愿很快登陆中国，将面临强大的官方压力和被限制、逐出

---

193 Gayo, p.97.
194 Cervera 2013, p.295.
195 Sanz, p.135.
196 Knauth, p.6.
197 Sanz, p.355.
198 Sanz, p.361.

中国的危险，因而他们将不得不采取一些适应策略。

再者，维拉（Santiago de Vera）总督对菲律宾华人较为宽仁，在他当政期间（1584 年 5 月-1590 年 5 月），中菲贸易兴盛，西班牙人在菲岛生存所需粮食和各种手工制品都有赖于华人提供，因而西人对华商比较优待，西人和华人的关系也相对友好。[199]这给菲岛西华两族人和谐共处、平等交流奠定了基础。高氏在这样的社会环境和历史背景中撰写《实录》，因而较多地借鉴了中国本土思想，试图调和中西学。然而，这种状况只是昙花一现：很快种种矛盾就使菲岛上中西两个民族发生激烈冲突，而历史的车轮也因种种复杂的原因改变了多明我会对华传教的初心。

（一）民族矛盾

早在 1581 年龙基约总督（Gonzalo Ronquillo de Peñalosa）任期内（1580 年至 1583 年），西人开始对华人征税，并为征税之便和安全起见首建生丝市场（涧内，Parian），集中管理华人。此时西人在菲岛探索发现、开辟驻地已有 15 年，已正式进入了征服和统治阶段。这一过程需要订立法规、强行执法、强征税款、压制当地土著的反抗，因而必然要发生暴力冲突，事实上也遭到了当地土著的激烈反抗。由此菲律宾西华间的冲突也开始萌芽。此前，由于西人对华人提供的物资和服务依赖性较强，再加上本土居民的反抗和日本海盗的侵扰，西人为了解决自身在菲岛的生存问题对华人还比较优待。但随着华人数量的激增及压迫—反抗的升级，一些西华间的暴力冲突终于爆发。

西华关系紧张的底色是西班牙统治者采取的一系列对华经济政策。[200]西人向来菲贸易的华船征收系船税和三分税；为避免过多白银流向中国，采取政府统一估价的邦加达（Pancada）制，禁止零售和私售；除此以外，马尼拉市政府还向涧内店铺征收租金和管理费[201]，向需留在当地的华人征收居留税。这些税收对西人政府来说意味着巨额的收入，为维持菲岛统治机器运转和当地建设提供着不可或缺的支持。[202]在管理和执法过程中，西人的很多不

---

199 陈荆和：《十六世纪之菲律宾华侨》，第 66-67 页。

200 陈荆和：《十六世纪之菲律宾华侨》，第 347-348 页。

201 Blair & Robertson, vol. V, pp.210-255.

202 1603 年华人起义事件中大量华人被屠杀，事件平息后西政府不惜冒着被华人报复的风险仍旧发给大量华人居留证，并重设生丝市场，只因为财政困难，需要来自华商的税收。1604 年 2 月 3-9 日贝纳比德斯主教的信。Blair & Robertson, vol. IX, pp.271-286.

当举动更是激发了严重的民族矛盾。例如，华人为了做一些事情（比如，赌博和在生丝市场外过夜）必须贿赂涧内管理者。货船登记员强占好货，导致华商不得不高标一般货物的价格，因而多缴税款。华人船只上的桅杆因材质较轻，被西人抢夺安装在自己的船上，换回西人的重桅。[203] 西人强征兵役参加远征队，华人为躲避征役，不得不支付高昂的费用[204]（这一行为直接导致了 1593 年赴摩陆加群岛的主舰上华人漕手谋杀老达督[205]，即《东西洋考》中所记述的潘和五事件[206]）。一般华人给西人赊账售出货物，要等到来年西人的船只从新西班牙返航后才可以结清货款。[207] 1603 年年初因为种种原因西人的货款拖欠两三年未至马尼拉，可想而知很多华商为了等待回本滞留菲岛，民族关系紧张。贝纳比德斯主教转述华人的哭诉："如果我们欠西班牙人的钱，我们会马上被下狱；如果西班牙人欠我们什么，我们都讨不回来。"[208] 对华人的压迫政策从 1581 年以来就陆续开始在菲岛实行，此后民族矛盾一直存在。

对于西班牙王室来说，华人在经济上的确意味着极大的威胁。1581-1592 年菲律宾的西人面临着内忧外患：外患主要是英国海盗骚扰大帆船贸易，英国舰队击败西班牙的"无敌舰队"（1588），日本海盗骚扰菲律宾海岸及日本丰臣秀吉的霸权威胁（1592）；内忧主要是菲岛土人起义、兵力不足、财政困难和政教不和。[209] 在此情势下，华人完全掌控了菲律宾的商品分销，甚至在渔业和种植业方面取代了当地土著。加之西人法令允许土著用钱交税，导致本土经济受到毁灭性打击：很多土著不再从事农业种植和纺织业[210]，转而从事赚钱更多的服务业和商业。华货的垄断地位，西人的税政和腐败[211]，再加上有些年份秘鲁和墨西哥富商在菲律宾争夺华货[212]，促使物价在二十年间迅速上涨[213]。

---

203 1596 年菲利普二世写给新任总督忒约（Francisco Tello de Guzmán）的谕令指出了上述不当操作。Blair & Robertson, vol. IX, pp.218-258.

204 Blair & Robertson, vol. V, pp.210-255.

205 Morga, pp.30-32.

206 ［明］张燮：《东西洋考》，第 90-91 页。

207 Blair & Robertson, vol. XI, pp.86-119.

208 Blair & Robertson, vol. XII, pp.101-126.

209 陈荆和：《十六世纪之菲律宾华侨》，第 83-93 页。

210 Blair & Robertson, vol. IX, pp.60-61; vol. X, p.141. vol. XI, pp.86-119.

211 Blair & Robertson, vol. IX, p.301.

212 1599 年、1602 年均有相关的报道。Blair & Robertson, vol. X, pp.251-252; vol. XII, pp.46-56.

213 见上引忒约总督的信及贝纳比德斯 5 月 17 日信。Blair & Robertson, vol. X, p.178.

1594 年奥古斯汀会神父奥尔特加（Francisco de Ortega）上书国王，申请增加教士的年金，理由就是物价上涨[214]。1598 年菲主教圣伊万内斯（Ygnacio de Santibañez）的信中写道：

> 这个国家现在的日用品物价已经不像以前那样便宜了，而是整个印地亚斯最贵的，这是因为政府的混乱。一切都被非信徒华人掌控了：他们抢劫这个国家，以随心所欲的价格售卖他们的货物，没有人监督或约束他们；为此他们只要酬谢那些能保证他们利益的人，让他们满意就够了。[215]

大帆船贸易航线（中国福建—菲律宾马尼拉—新西班牙阿卡普尔科港—韦拉克鲁斯港—西班牙塞维利亚）建立后，中国在世界贸易中一直保持着贸易顺差。由于明朝的海禁政策和西葡间的协议限制，西班牙人虽然多次尝试[216]，终究无法在中国建立通商口岸。这某种意义上加剧了华商在菲律宾的倾销。于是菲律宾作为西班牙国王的领地，事实上没有给王室带来经济利益。维持这个殖民地的动因主要是其对抗英、荷扩张势力的战略地位（群岛处于东南亚各国之中，北向中国、日本，西可达印度，南近香料之国摩陆加群岛）。老达督当政时（1590-1593）就已经开始采取各种措施尽量减少白银流向中国，其中最突出的就是禁穿华布令。这一法令导致西政府失去每年 3 万-4 万比索的税收。[217]明末菲律宾社会因为民族成分复杂而矛盾重重，西政府持续地面临着抵御外敌、征服周边地区和摩陆加群岛，镇压、防范本土民族起义的艰巨挑战：修筑城墙和公共设施、打造舰船、雇佣士兵、维持政教机构运转和各种节庆花销[218]使政府财政经常赤字。忒约总督和阿古尼阿总督（Pedro Bravo de Acuña, 1600-1606 年在任）的信中均担心财政紧张，政府难以维持。[219]

明末白银是强势通货[220]，因而也是华商最渴望的商品。菲岛经济就像漏斗一样，美洲的白银通过此地不断被中国吸走。菲律宾的西班牙人为了自身

214 Blair & Robertson, vol. IX, pp.99-100.

215 Blair & Robertson, vol. X, p.135.

216 例如，小达督 1595 年遣使卡斯特罗（Fernando de Castro）去中国。Blair & Robertson, vol. IX, pp.194-198. 忒约总督 1598 年派萨姆科（Juan de Çamuco）去广东谋求通商可能。Blair & Robertson, vol. X, pp.253-254.

217 陈荆和：《十六世纪之菲律宾华侨》，第 94-103 页。

218 Alva Rodríguez, pp.123-128.

219 Blair & Robertson, vol. X, pp.167; vol. XII, pp.127-141.

220 张彬村：《美洲白银与妇女贞洁：1603 年马尼拉大屠杀的前因与后果》，第 303-304 页。

的生存和利益，均参与到大帆船贸易中来——从总督到士兵，甚至于传教士都未能免俗。[221]依纳爵主教 1599 年 3 月 1 日写给国王的信中提道："令人遗憾的是，除了一些一心想劝皈异教徒、弘扬基督事业的教士，菲律宾全境内没有人——不管是西班牙人还是其他民族的人——不被利益驱动、为自己追求财富……所有人都是商人，总督更是……"[222]形成这一现象也是情有可原，不做生意就会导致贫穷：本土产业在中国商品的冲击下没有得到很好的发展。中国进口产品占据垄断地位，加上官税，物价不便宜。西殖民者到菲律宾来的成本极高，很多人还没有航行至目的地就在途中死亡。普通士兵更是拿着微薄的报酬，冒着生命危险，不停地征战和镇压起义。这导致人员损耗极大。[223]再加上菲律宾的自然环境比较恶劣：气候湿热，台风、暴雨、地震等灾害频发，土地多沼泽地、盐碱地。[224]倘若不是能够在这么艰难的条件下发财，恐怕只有受到强制或诱骗的西人才可能来到菲律宾殖民。除此种情况以外，就只有怀着宗教热忱和探索东亚的好奇心的传教士肯来了。因此，殖民时期几乎所有菲律宾人的生活都围绕大帆船贸易展开。[225]

中西人口的极大悬殊加剧了民族矛盾：人数相对较少的西班牙人越来越有危机感。1587 年马尼拉只有西班牙居民 180 人。此数到 1612 年也只涨到区区 1800 人。[226]西班牙人带着大量美洲的白银来到菲律宾。白银的刺激使来菲华人数量迅速增长[227]：1586 年马尼拉附近华人数目达四五千[228]，1588 年此数就增至一万；1596-1597 年算上往来做生意的华人，菲岛华人总数就达到近 3 万。[229]菲利普三世于 1602-1622 年三次发出敕令，要求限制华人在 6000 以内。[230]其间虽然有驱逐华人之政令举措（如 1596 年西班牙殖民者将

---

221 1592 年 6 月 6 日老达督的信附有一份 1591 年圣菲利普楼船上的载货单，其中萨拉萨尔主教、最高法院法官罗洽斯（Pedro de Rojas）、前任菲律宾总督维拉（Santiago de Vera）及一些教士的名字都在列，其中数政教首脑的箱数最多。Blair & Robertson. vol. VIII, pp.238-239.

222 Blair & Robertson, vol. X, pp.136-141.

223 见菲利普三世 1602 年给阿古尼阿总督的训令。Blair & Robertson, vol. XI, pp.263-288.

224 Alva Rodríguez, pp.25-29.

225 Alva Rodríguez, pp.86-89.

226 Alva Rodríguez, p.30-31.

227 陈荆和：《十六世纪之菲律宾华侨》，第 135-142 页。

228 陈荆和：《十六世纪之菲律宾华侨》，第 136 页。

229 陈荆和：《十六世纪之菲律宾华侨》，第 127 页。

230 陈荆和：《十六世纪之菲律宾华侨》，第 139-143 页。

1.2 万名华侨华人驱逐出境[231]），及大量屠杀华人的事件发生，导致 1594-1596 年和 1604-1605 年华人人数有短暂的回落，但冲突平息后旅菲华人始终是呈递增趋势。华人人数过多给西班牙殖民者带来了不小的焦虑。1603 年华人起义前贝纳比德斯主教从殖民地安全和保护官方文化的角度出发，批评政府非法发给华人居留，导致菲岛华人过多。[232]1606 年皇室财政官吉拉尔（Rodrigo Diaz Guiral）又抱怨华人数量太多是因为司法机关的纵容，他说这可能导致更大的危险。[233]

西班牙人一方面依赖华人提供的商品和服务维持殖民地生活，另一方面又畏惧华人势力过增。[234]从王室利益、殖民地稳定和基督教文化传播的出发点来看，的确是应该限制华人数量、禁止华货、提高关税、发展本土经济。奈何殖民菲岛面临着上述种种困难，统治者没有足够的资源应对。再加上官家受私利的驱使，国王的谕令从来没有得到严格的执行。[235]在大帆船贸易中获得大部分收益的菲岛统治阶层[236]不顾公共安全和基督教价值观，为了更多的税收和更大的贸易利润，违反华人数量限制令。西华这两个菲岛的外来民族都为逐利而来，因而只要是经济上需要和依赖华人的西人都会包庇居留菲岛的华人，包括教士在内。[237]

华人对菲岛西人安全的威胁，及华货对菲岛本土产业的冲击更多损害的是下层西人的利益，却为可从中得到巨额利润的上层官员所包庇。这使菲岛的西班牙殖民者内部也是矛盾重重。其一，西人贫富差距很大。其二，政府腐败：总督和法官们任命自己的亲信充任政府管理者，贿赂、偏私成风。这严重损害了菲岛西班牙居民的利益。其三，政教不和：自菲岛第一任主教萨拉萨尔至贝纳比德斯主教在位期间，菲岛政教间一直存在激烈的争执，其中一些争执围绕着如何对当地土人征税，及是否应该限制、驱逐华人等问题展开（见第一章第三节"三、在中西交往中的角色"）。

---

231 Blair & Robertson, vol. IX, p.253.
232 Blair & Robertson, vol. XII, pp.101-126.
233 Blair & Robertson, vol. XIV, pp.149-172.
234 Alva Rodríguez, pp.36-41.
235 关于菲律宾十六世纪末的败政，见菲利普三世 1602 年给阿古尼阿总督的训令。Blair & Robertson, vol. XI, pp.263-288. 另见多明我会圣玫瑰教区教牧伯纳德（Bernardo de Santa Catalina）1603 年 12 月 15 日的信。Blair & Robertson, vol. XII, pp.115-126.
236 Alva Rodríguez, pp.89-102.
237 Blair & Robertson, vol. IX, pp.299-314. vol. XII, pp.101-126.

（二）文化竞争

中国文化一直以来都在不断地向周边国家辐射，其影响在东南亚国家均可见到。十六世纪末，西班牙殖民者开始统治菲律宾，他们带来的基督教文化自然成为当地的官方文化被宣传、推广。传播福音既是其侵略的正义理由，用基督教同化当地居民也成为其执政的软助力。然而，在这个距离宗主国西班牙最遥远的东南亚殖民地上，西人想让天主教文化成为压倒其他文化的主流文化却不那么容易。中国文化作为东南亚的强势文化以其源远流长的影响力自然与其形成激烈竞争。这种文化竞争未免给菲岛的传教士们带来一定的危机感，使他们很难持续地对中国文化抱以包容、尊重和肯定的态度。

首先，菲岛的特殊地理人文环境决定了在这里推行天主教文化、普及西班牙语困难重重。西班牙传教士在各个殖民地传教最初都是使用当地土著语言，他们对普及西班牙语的兴趣远远不及传播天主的福音。菲律宾群岛本土就有多个民族。再加上它地处美洲去往东南亚的十字路口，外来民族成分复杂。因此当地有很多种语言。据耶稣会史作者齐里诺（Pedro Chirino）的报道，仅马尼拉一地就有六种不同的语言。[238]不同修会被分配到各个地区，学习当地语言。[239]语言的差异导致文化的隔阂，加剧了西班牙传教士短缺、分散的问题，从而给当地的天主教传播带来难度。

其次，西人人数本来就极少，带着传播基督教使命而来的西班牙传教士更是少之又少。总的来说，菲岛传教士不足是常态。政教界多年来一致向王室报道过这一问题。[240]多明我会1587年在菲律宾建立教区，比奥古斯汀会和方济各会都要晚，因此其人数和传教点远比这两个修会要少。[241]多明我会的发展相较于其他修会也较慢。1611年，最晚在菲岛建立教区的耶稣会在菲的传教士人数已经超过多明我会。[242]而且耶稣会此时已在菲岛各地建起了三所学校，而多明我会的第一所学校1611年才开始筹建。奥古斯汀会1595年也建立了

---

238 Barrón, p.103.

239 西国王规定同一教区不能有两个修会同时传教。Sanz, pp.143-144. Blair & Robertson, vol. IX, pp.120-121.

240 1586年政教大会会议纪要。Blair & Robertson, vol. VI, pp.157-233. 1591年6月20日戈麦斯·佩雷斯·达斯玛利尼阿斯总督信：Blair & Robertson, vol. VIII, pp.142-143. 1594年奥古斯汀会士奥尔特加（Francisco de Ortega）的报道：Blair & Robertson, vol. IX, p.105.

241 Blair & Robertson, vol. X, pp.168-170.

242 Blair & Robertson, vol. XVII, pp.189-212.

修会的第一所学校。[243]

相应地，来菲华人数量不断增长，以至于多明我会神父难以应付对华传教工作。仅就马尼拉来说，1611 年费尔南德斯（Alonso Fernández）神父的《我们时代的教会史》（*Historia eclesiástica de nuestros tiempos*）中记载汤都区华人教徒数量在 600 户，相当于 2000 人左右。而每年来商的华人都在 10000 以上[244]，菲岛华人总数多达三四万。但多明我会负责对华传教的神父始终是 2-4 人。[245]

1594 年奥古斯汀会士奥尔特加的报道称：“圣多明我会在印第安人村落中有四所修道院，马尼拉有两所：一所在中国人区，另一所在西班牙人中。六个修道院都有 18 名神父。”[246]忒约总督 1598-1599 年的报告中称多明我会在卡加延省（Cagayán）有 12 个居所，共 71 位神职人员。[247]1612 年菲岛多明我会自己的报告称修会在整个东亚有 71 位神父［马尼拉附近 24 人，邦阿西楠省（Pangasinán）10 人，卡加延省 28 人，日本 9 人］。马尼拉有一所修道院，其中有 16 位神父；比农多（Binondoc）和柏柏（Baybay）有一个传教点，两位教牧面向近 600 户华人传教；圣加布里埃尔医院（Hospital of San Gabriel，多明我会专门给华人开设的医院）有两位神职[248]。从这些报道来看，这些年菲岛多明我会士人数不增反降。据曼萨诺统计[249]，自 1587 年多明我会首批传教士入菲至 1611 年第十一批，不算中途返回和遇难的神父，到达菲岛的多明我会士人数共计近 200：

表 5.1 1611 年前的多明我会赴菲传教团

批　次	年　份	到达的神职人数
1	1587	15
2	1588	5
3	1589	5

243 Barrón, pp.108-109.

244 Sanz, pp.180-181. 此数在 1619 年雷梅沙（Remesal）的教会史中增至 800 户。Sanz, p.291.

245 Sanz, p.291.

246 Blair & Robertson, vol. IX, p.97.

247 1598 年 6 月 19 日忒约总督信。Blair & Robertson, vol. X, p.169. 1599 年 7 月 12 日忒约总督信附件关于菲岛传教士情况的报道见 Blair & Robertson, vol. X, p.259.

248 Blair & Robertson, vol. XVII, pp.189-212.

249 Álvarez de Manzano, p.I.

4	1595	18
5	1596	8
6	1598	32
7	1602	34
8	1604	15
9	1606	27
10	1609	8
11	1611	32

　　不同作者报道的菲岛多明我会人数有一定出入，尤其是奥尔特加的报道显然不准确。但 1612 年多明我会向国王呈递的报告不应该故意隐瞒人数。可见 25 年间多明我会神父的流失量之大。除了在贫穷和各种恶劣条件中去世的，还有一些是放弃传教离开的。1603 年前后贝纳比德斯主教在信中提及由于菲岛条件艰苦，再加上这几年贸易不顺和战争威胁，各修会纷纷出现不能坚守传教的问题。他认为这有时是因为无知或需要回馈，其中或许还掺杂着对印第安人缺乏爱心的因素。这导致很多皈依天主教的村庄再次"堕入偶像崇拜"。此种情况在收益较少的教区尤为严重。他还指出教团领袖和当地政府不应允许来到菲岛的传教士离开。他还特别提到多明我会士的情况：

　　　　圣多明我会和圣方济各会在这里很自律，因此应该十分感谢上帝。
　　　　在教导方面他们做了卓绝的工作，无论是言传还是身教，他们在各
　　　　方面都堪称模范。他们也不会给印第安人带来负担，这一点也极为
　　　　重要。但在我之前提到的离弃传教事业、导致功亏一篑这一点上，
　　　　这些神父是最缺的，这是很严重的罪。[250]

1604 年国王发敕令要求整治这一现象[251]。

　　根据同时代的菲律宾多明我会圣玫瑰教区史作者阿杜阿特的记述，《格物》的作者多麻氏一度想回西班牙，尽管有很多人劝他留下，他一直对任何人的挽留都坚决回绝。多麻氏后来因日本女教徒的挽留和圣母显圣奇迹而终于决定留下。[252]多麻氏的作品透露出他对华人文化明显的消极态度。这从他的经历及当时菲岛的社会和历史可以理解背后的原因。多麻氏于 1602 年 4 月 30 日登陆马尼拉（第七批），被安排在华人基督徒社区汤都区柏柏村的扩展社区比

---

250 Blair & Robertson, vol. XII, pp.101-126.
251 Blair & Robertson, vol. XIII, pp.246-250.
252 Aduarte, pp.109-111.

农多（Binondoc）传教。[253]因此他刚来不到一个月就目睹了1602年5月23日中国官员在菲岛作威作福的实况，也参与到1603年前后的西华暴力冲突事件中。这肯定给抱着对华传教的希望来到菲律宾的多麻氏以极大的打击。

多明我会的性情特点和行事风格也可算作其对华传教的不利条件之一。多明我会到底是怎样的一个修会？和其他修会有什么不同呢？这个修会有很多神学家和语言学家（本书研究的中文刻本作者皆是）。该修会集中了教团中的知识分子，他们喜爱探索、研究和教导。在信念的强大力量推动下，他们能够在很短的时间内学通其他语言，甚至用外语写作。在十六世纪，经院主义神哲学仍是欧洲文化的天花板。十三世纪的多明我会士、"天使博士"托马斯·阿奎那创建了从科学和实体出发的神学体系。他的同会兄弟们承继前人学说，热衷于研究各种学科，他们倾向于认为没有什么是和神学家无关的。他们对基督信仰既有理性的论证，又有虔诚的宗教体验。他们的这种学术和文化自信往往表现为自负、高傲和固执的行事风格。只要是他们认定的事情，就当作真理来坚持，面临争执和反驳也决不轻易妥协或改变，猛烈而大胆地抨击他们认为不正义的人和事。这使他们在菲律宾处境孤立。两任多明我会主教一直与菲岛总督冲突不断。他们高举基督的教言和国王的法律到处主持正义，连奥古斯汀会和耶稣会神父都是他们批评的对象。[254]因而该修会在东亚的发展从一开始就受到对抗和限制。

多明我会固然信仰虔诚，严格地奉行修会规定，过着艰苦、赤贫的生活，言传身教地传播天主的信仰，试图给其他民族树立榜样，用天主教的价值观、道德准则和法律去约束菲岛人民，但他们的教条主义和不够开明的态度堵死了文化交流的可能性。再加上多明我会倡导上帝恩典论和预定论，他们深信不疑的是，《圣经》是上帝给人类的启示，因而在重大抉择上应去《圣经》中寻找上帝预示的人类历史走向。一些十六、十七世纪多明我会士的作品（如贝纳比德斯的书信、阿杜阿特的教区历史，包括多麻氏的《格物》等）给人留下一种印象，那就是多明我会士中很多人顽固、偏执、不切实际。例如，他们把一些事件和他们凭借语言优势所听到的传言联系起来，在西班牙人中扮演先知的角色，做出上帝将罚罪菲岛的预言；甚至于梦境和星象都被他们当作上帝给的征兆，在公共场合散播；他们认为精神的力量能够战胜一切困难：只需遵守上帝的法律、虔诚

---

253 Álvarez de Manzano, p.49.
254 Blair & Robertson, vol. XII, pp.101-126.

地跪地祈祷就可以救人于水火。这样缺乏开明思想和现代精神的修会面对中国文化的人本主义是没有一丝包容心的。因而他们顽固地站在天主教伦理和法律的立场上针砭华人的消费文化及其陋习，指斥中国的民间宗教仪式为"偶像崇拜"。十七世纪后，菲岛对华传教的多明我会士一味抨击非教徒华人，实际是在种族隔离和传教士严重不足的社会背景下，无暇带着纯粹研究者的好奇心去打探华人的生活方式和精神世界，或不愿屈尊去深入地了解华人的文化。

十六、十七世纪之交，传教士感到对菲岛土人的传教比对华人要更为容易。土人作为劣势文化群体，亦很容易受到中华文化的影响而转向"偶像崇拜"。因此多明我会强烈抗议菲政府允许过多的非信徒华人居留菲岛，因为他们感到这给天主教传播带来不便。可见天主教文化和中国民间文化在菲律宾是并立的竞争关系。依纳爵主教 1598 年 6 月的书信中说："（华人过多）是弘扬信仰和道德的障碍，因为非信徒华人和他们不断地交往。"[255]贝纳比德斯主教 1603 年 7 月 5 日也写信抱怨华人多、分布广，将其恶习和教化带到了菲岛各处，"就连一些神父（其他人也包括在内）都为了建设及其他需要华人的世俗小事容忍他们。如果我们面对上帝、正义和天理不纯洁，上千人会把我们引向世俗享乐和利益"[256]。中国文化在菲岛对天主教传播的威胁性另见 1597 年小达斯玛利尼阿斯的信和 1598 年依纳爵主教的信。[257]

天主的律法固然将人引向神性的一面，却否定人性；殖民统治建立在所谓的文明教导之上，强加税赋徭役，实为以天主教文化为尊，伪善地进行侵略和压迫。菲岛西人本来就少，又严格地实施殖民地种族隔离政策：他们将其他民族防范于马尼拉城墙之外，城内不能居住非西人雇佣的任何印第安人。分布于菲岛各处的西人领主根本无心用天主的信仰教导当地人，只想得到经济利益，甚至有些还虐待当地人。因此，天主教文化的传播力甚微。

中国文化原本在东南亚地区一直就是优势文化，被边地民族所仰视和效法。菲岛的华人文化是民间俗文化，而非士大夫文化（二者存在区别，前者受后者影响），其中包括物质（消费）文化、民间信仰、中医、工艺技术、艺术、戏剧、道德观、世界观、人生观、习俗及宗法制度等。十六、十七世纪大量旅居菲律宾的华人成为当地经济和建设的中流砥柱，与菲岛当地土人也发生密

---

255 Blair & Robertson, vol. X, p.141.

256 Blair & Robertson, vol. XII, pp.101-126.

257 Blair & Robertson, vol. IX, p.301. Blair & Robertson, vol. X, pp.141-160. 相关语段参
　　第一章第三节"一、传教政策"。

切的交流与合作，在自由贸易中追求共赢；很多华人与土著女人或其他外来民族通婚；大量华人在菲从事种植业和渔业，这导致土人依附于华人或西人生活。[258]中国文化在吕宋岛的传播并不需要借助官方政治的强压，仅凭其对他国传统的尊重、技术的先进性、经济的主导地位及人本主义的文化特质而天然具有较强的吸引力，更容易被当地居民所接受。

（三）用十字架征服中国的目标被搁置

多明我会刚到菲岛建立教区（1587）以前，武力征服中国曾是菲岛政教界共同的议题。当时日不落帝国向外扩张的气氛较浓。1588 年西班牙无敌舰队遭遇惨败。武力征服中国几乎变成了不可能的，因为太遥远，成本过高，入侵的胜算也不大。多明我会抱着入华传教的目的来到菲岛建立教区。但从一开始，该修会就反对武力征服中国，而坚持和平传教的方针。1591 年贝纳比德斯入华失败后，与萨拉萨尔主教一起返回宗主国。自此，由于主教的离开，多明我会入华的议题不再能得到有力的支持和促进。上文已讨论过菲律宾传教士短缺的问题严重。来到菲岛的西班牙传教士理论上是西王派遣至该殖民地教导当地人民的，因此传教士从菲岛去东亚其他地区本来就是被严格限制的，需要总督和主教的双重认可才可成行。早在 1586 年的政教大会文件中就已经提出应禁止来菲传教士私自离开目的教区去别的地方。[259]1596 年 5 月国王菲利普二世给新任总督戌约的训令中禁止派往菲律宾的传教士去中国：

> ……赴菲律宾群岛的神父完全是为了在那里服务，没有你（总督）和大主教的允许，不准去其他任何地方。因为我送他们去就是为了这个目的。本王花费了不小的代价，是为了履行教导当地人的义务。他们到了那里，不应为了个人目标和打算抛下上述使命。不离开他们的辖区是他们享有特权待遇的前提，他们无权放弃那里的传教。除了有我的特许去更远的区域的传教士，去群岛的传教士都应明白他们就是要安稳地待在那里。是否发给他们特许必得经过慎重考虑。[260]

从上述训令的内容推测：1596 年前后，由于菲岛传教士短缺，当地土著受到的教导不足，官方不鼓励赴菲的西班牙传教士从那里去中国。再加上 1580 年菲利普二世继承葡萄牙王冠，1580-1640 年西班牙王室统治着整个伊

---

258 Blair & Robertson, vol. X, pp.141-142.
259 Blair & Robertson, vol. VI, pp.157-232.
260 Blair & Robertson, vol. IX, pp.237-238.

比利亚半岛，葡萄牙的海外领地也属于西王。1595 年葡萄牙人和耶稣会已经在中国有一些稳定的据点，传教得到了一定进展。因此，西班牙传教士去中国的动机仅剩修会间的传教竞争，或是传教士的私志，再难得到西班牙国王的支持。十六世纪最后几年菲岛华人数量暴增，导致危机、冲突和社会矛盾重重。这一切使多明我会疲于应付，工作的重心转向菲岛内部。尽管此后的几年内，用十字架征服中国仍然是菲岛多明我会的愿望，托钵修会不能再以扩张上帝和西王的疆土为神圣的理由，但他们仍试图借助一些政治外交事件寻找入华的机会。

1599 年武约总督在致国王信中报告一个广东的通商口岸将有望对西班牙人打开，他说："鉴于神圣的福音可能会在那里被传扬，这是陛下您的愿望，打开这个口岸还是很重要的。去年我决定给堂·胡安·萨穆迪奥（Don Juan Çamudio）执照去广东省（开他自己的船，费用也由他自己出），并尽量建立他的事业……"[261] 对此，当时还是新塞戈维亚省主教的贝纳比德斯专门上书激烈反对。他在信中称：打开中国沿海口岸唯一的受益者是总督、法官和他们的随从官员。他列举了诸多反对此事的理由，其中包括这将损害菲岛普通西商和葡商的利益；会造成更大的贸易逆差，给中国人送更多钱，这与国王的旨意相悖。另外，他还提到这会导致中国传教事业受损，日本的传教也可能跟着被破坏；葡萄牙人可能会报复，挑起战争；等等。[262] 由此看来，贝纳比德斯作为菲岛多明我会与对华事务联系紧密的一位高级教士，汲取此前入华的失败经验，看到无论是求助于菲岛华人潜入中国，还是借助外交事务入华，均不能达到永久停留中国传教的目的。因而他从西王和上帝的事业全局去考量，超越修会竞争和西葡竞争，着眼于菲岛内部的治理和正义，放弃入华打算，这在此前是非常罕见的。

总而言之，1596 年后多明我会在传教目标和政策上发生转变。对华人的态度也发生了几乎是 180 度的大转弯：从之前的赞赏到后来的批评，从之前的合作到后来的排斥，从之前扮演华人保护者到后来带头诟病，提出更严厉的措施驱逐。二十年间由于华人数量在菲岛过度膨胀和其他一些历史原因，多明我会收紧了对华传教政策，渐渐失去了原先与华人平等交流、互相借鉴的态度，转而实施严厉的文化同化政策，并敌视遵循自身文化传统的非信徒华人。他们

---

261 Blair & Robertson, vol. X, pp.253-254.
262 Blair & Robertson, vol. X, pp.177-179.

希望树立天主教文化在菲岛的官方地位，依靠西人统治尽量将不愿受洗的华商排斥在菲岛以外。

相较于同时代在中国传教的耶稣会，多明我会没有来自中国官方的压力，而传教对象又是来菲经商、做工的下层民众，而非士大夫阶层。因而在菲传教的多明我会不像同时期在中国本土工作的耶稣会具备儒耶深层对话交流、探讨核心分歧的机会，却更容易固守原教旨正宗，利用菲岛西人的政治统治地位使天主教文化对中国民间文化造成压倒性优势。在这一历史背景下，多明我会逐渐奠定了对华传教"排儒"的基调，对后世该修会登陆中国与耶稣会展开持续百年的"礼仪之争"有着不容忽视的影响。

结 论

　　十六世纪传教士将西方的科技和思想带到东亚，给中国文化注入了新鲜的血液，开启了中国学术界的西学东渐史。多明我会在菲律宾马尼拉出版的中文著作内容涵盖了宗教哲学、实践伦理学和科学技术，其中所涉及的有些内容不仅在中文世界是最早的，也比耶稣会后来撰写并出版的的类似内容更详尽、更具系统性。他们在引入西方科技、哲学概念方面做出了坚苦卓绝的先驱工作，也是最早研究中国历史、经典的西班牙汉学家和语言学家。在他们的作品中，西方文化的两大柱石——希腊罗马文化和犹太基督文化广泛而深入地被介绍进来。他们还为菲律宾的印刷业奠基，最早在菲律宾出版书籍。

　　菲律宾多明我会雄心勃勃、信心满满，写作并刊印了厚重的中文作品。但他们的作品终究缺乏关注，对中国知识界的影响远不及大陆的耶稣会。这一方面是因为显见地，多明我会当时处于菲律宾群岛，没能登上大陆传教，没有和中国士大夫阶层交流的机会。另一方面，其作品没有得到广泛的支持和传播与其原教旨主义倾向不无关系。多明我会站在经院主义神哲学的钟楼上很难去理解和接受中国文化，鉴于中西文化的特点在很多方面是相悖的。

　　西方文化强调单极化和分析，这一点正是来源于经院哲学：分析最微小的事物是为了从中认识一个唯一的最智慧、最广大、至高至善的神。而中国文化强调的是相对性和辩证的共存关系，否定绝对极致的存在，否定物质与精神的割裂，亦即拒绝承认二者孰先孰后，谁是本源、本质和更高的存在。这一点区别就凸显出中国文化的人文精神——以人为本（中心和重点），不像西方文化强调神的至高地位。

中西文化的差异和中西语言的特点是挂钩的。西方语言用若干字母组合造词,分析时出现新的理念、概念就用新的组合去代表,容易和其他的概念形成有机联系和区分,所以适合用于理性分析式的思考。而中文汉字要么是从形象得到其意,要么用本身来源于形象的部件构成新字,很容易令人产生联想、望文生义,因此中国文化是建立在感性和想象之上的。中国人说的"天"有时候可能不仅指眼所望见的天,它同时包括苍穹、宇宙和至高的存在。中国人说的"性"有时候是普遍的自然规律,有时候又指个体或类别的特性,取决于语境,也取决于个人的理解。中文的经典都非常简练,缺乏系统性,像《易经》《道德经》《论语》中的语句都是一些提示性的语言,圣人并没有清楚地解释或证明自己的话,全靠后人通过自己的人生经验去解读。这种模糊性和西方经典(如亚里士多德、柏拉图、托马斯·阿奎那等西圣的著作)中的逻辑分析形成鲜明的反差。

在历史的长河中,中国人从未特意地去传教、同化周边地区。中国文化却受到东南亚国家的崇拜,日韩等国曾主动来学习、效仿。之所以会如此,就是因为中国文化不走极端,对单极化没有执念,强调世界的多样性、多元性,即"和而不同",具有较大的包容性和融合性。孟子曰:"物之不齐,物之情也。"[1]中国历史上曾经百家争鸣,即便汉朝董仲舒提出独尊儒术,事实上中国一直是一个多元文化国家:唐宋以来,佛道思想和文化是组成中国文化不可忽视的精神财富。

菲律宾的天主教最终还是在当地各种宗教和中国民间信仰中胜出了。[2]但是这一时期的多明我会的对华传教仅局限于菲律宾本土,终究没有很好地将天主教传播到中国去,也没能顺利登上大陆传教。问题除了多明我会同时肩负着教皇与西王交给的双重使命,更重要的是,在其特殊的历史背景和地理条件下,该修会渐渐显露出原教旨主义倾向、强调上帝恩典论,对华人传教的过程中缺乏包容性和灵活性。反观同时代的耶稣会则善于求同存异,他们本来就倾向于承认人的自由意志对于历史的积极作用。其观点更具现代性,也与中国文化更相契合。他们采取着儒服、肯定儒家经典、允许华人教徒敬天祭祖等适应策略,表现出一种开放的文化交流态度,促成了中西文化的融合。这是他们的作品成为中文西学经典的重要原因。

1　[战国]孟子:《孟子》,第 113 页。
2　Barrón, pp.99-100.

中西文化自大航海时代以来有了更多的碰撞和交流。历史的经验教训告诉我们，不应站在西方中心论或中国中心论的立场分出中西文化到底孰优孰劣。从逻辑性、科学性上讲似乎的确是西方文化更优，从实用性、人生体验来讲还是中国文化更适宜。就像楼宇烈先生讲的："西医是明明白白治死人，中医是糊里糊涂治好病。"[3]中国人凭借直觉、想象和感性体验而总结的人生经验构成了一种知识（这些知识的总和就是中国文化）。区别于西方系统化的理性知识，中国人的知识更加灵活、实用，是一种人生智慧。中西文化不仅在语言上存在根本的差异，而且在意识形态上也往往表现出丰富的人生哲学与绝对神性的对立。如果不放下偏见去研究，亲身体验对方的文化，以开放包容的态度、在和平的条件下进行平等的比较和探讨，一味死板地坚持文化传统及其本源，是难以进行真正的东西方对话和交流的。

---

3 楼宇烈：《中华文化的感悟》，第 65-67 页。

参考文献

一、中文文献

1. （英）阿·克·穆尔（Moule, Arther Cristophor）：《一五五〇年前的中国基督教史》，郝振华译，北京：中华书局，1984 年。

2. （古希腊）柏拉图：《柏拉图全集》第二卷，王晓朝译，北京：人民出版社，2003 年。

3. （古希腊）柏拉图：《理想国》，郭斌和、张竹明译，北京：商务印书馆，2011 年。

4. （古希腊）柏拉图：《柏拉图对话集》，戴子钦译，上海：上海译文出版社，2013 年，Kindle 电子书。

5. （古希腊）柏拉图：《柏拉图四书》，刘小枫编译，北京：生活·读书·新知三联书店，2015 年。京东读书电子书。

6. （英）C. R. 博克舍（C. R. Boxer）：《十六世纪中国南部纪行》，何高济译，北京：中华书局，1998 年。

7. ［元］陈桱：《陈氏通鉴续编》第一卷，东京：国立公文书馆（National Archives of Japan）藏至正年间刊本。

8. 陈荆和：《十六世纪之菲律宾华侨》，香港：新亚研究所，1963 年。

9. 陈遵妫：《中国天文学史（第一册）》，上海：上海人民出版社，1980 年。

10. 程国赋、李阳阳：《〈南海观音菩萨出身修行传〉作者探考》，《明清小说研究》，2010 年第 3 期，第 181-188 页。

11. 程俊英：《诗经译注》，上海：上海古籍出版社，2004 年。

12. 辞源修订组、商务印书馆编辑部编:《辞源》,北京:商务印书馆,1995 年。

13. 代国庆:《圣母玛利亚在中国》,新北:台湾基督教文艺出版社,2014 年。

14. [春秋] 曾子、[汉] 戴圣:《礼记·孝经》,胡平生、陈美兰译注,北京:中华书局,2012 年。

15. (英) 道森(Christopher Dawson)编:《出使蒙古记》,吕浦译,周良宵注。北京:中国社会科学出版社,1953 年。

16. (西) 多麻氏(Mayor, Fr. Tomás):《格物穷理遍览》(*Símbolo de la fe en lengua y letra china*),马尼拉:Pedro de Vera,1607 年。

17. (意) 圣多马斯·阿奎那:《神学大全(第一册)》,陈家华、周克勤译,台南:中华多明我会/碧岳学社,2008 年。

18. (意) 圣多马斯·阿奎那:《神学大全(第二册)》,陈家华、周克勤译,台南:中华多明我会/碧岳学社,2008 年。

19. (意) 圣多马斯·阿奎那:《神学大全(第三册)》,刘俊余译,台南:中华多明我会/碧岳学社,2008 年。

20. 多明我会士:《基督教义》,菲律宾马尼拉:龚荣,1604 年。

21. (西) 门多萨(Juan González de Mendoza):《中华大帝国史》,孙家堃译,北京:联合出版公司,2013 年。

22. [明] 范立本辑:《明心宝鉴》,李朝全译,北京:华艺出版社,2007 年。

23. 方豪:《从中国典籍见明清间中国与西班牙的文化关系》,《方豪六十自定稿(下册)》,台北市:燕京印书馆,1969 年,第 1487-1517 页。

24. 方豪:《明万历间马尼拉刊行之汉文书籍》,《方豪六十自定稿(下册)》,台北市:燕京印书馆,1969 年,第 1518-1524 页。

25. 方豪:《明末马尼拉华侨教会之特殊用语与习俗》,《方豪六十至六十四自选待定稿》,台北:台湾学生书局,1974 年(1),第 437-454 页。

26. 方豪:《莱顿汉学院藏吕宋明刻汉籍之研究》,《方豪六十至六十四自选待定稿》,台北:台湾学生书局,1974 年(2),第 455-466 页。

27. 方豪:《吕宋明刻〈无极天主正教真传实录〉之研究》,《方豪六十至六十四自选待定稿》,台北:台湾学生书局,1974 年(3),第 466-486 页。

28. 方豪:《吕宋明刻〈格物穷理便览〉之研究》,《方豪晚年论文辑》,台北:辅大出版社,2010 年,第 83-112 页。

29. 方豪:《中西交通史》,上海:上海人民出版社,2015 年。

30. 方晓阳、韩琦：《中国古代印刷工程技术史》，太原：山西教育出版社，2013 年。

31. 方彦寿：《刻书中心建阳对外传播的基本走向及其影响》，《中国出版史研究》，2019 年第 3 期，第 7-20 页。

32. （法）费赖之（Louis Pfister）：《在华耶稣会士列传及书目》，冯承均译，北京：中华书局，1995 年。

33. 冯承均译：《马可·波罗行纪》，上海：上海书店出版社，2001 年。

34. 冯友兰：《中国哲学简史》，北京：北京大学出版社，2013 年。

35. 高梁：《〈天妃娘妈传〉故事源流考　　兼论海神天妃兴衰的时代背景》，《明清小说研究》，1991 年第 3 期。

36. （西）高母羡：《辩正教真传实录》，马尼拉，1593 年。

37. 葛兆光：《古代中国文化讲义》，上海：复旦大学出版社，2012 年，京东读书电子书。

38. 耿升、何高济译：《柏朗嘉宾蒙古行纪，鲁布鲁克东行记》，北京：中华书局，1985 年。

39. 官文娟：《明代建阳书坊的科考用书》，福建师范大学硕士论文，2010 年。

40. ［晋］郭象：《庄子》，孙通海译注，北京：中华书局，2007 年。

41. 郭俊峰、张菲洲译评：《增广贤文》，长春：吉林文史出版社，2003 年。

42. 郭英德：《世俗的祭礼——中国戏剧宗教精神》，承德：国际文化出版公司，1988 年。

43. 郭彧译注：《周易》，北京：中华书局，2012 年。

44. 何高济译：《海屯行纪，鄂多立克东游录，沙哈鲁遣使中国记》，北京：中华书局，1981 年。

45. ［宋］洪迈：《夷坚志》，何卓点校，北京：中华书局，1981 年。

46. ［宋］胡宏：《皇王大纪》第一至四卷，《钦定四库全书》史部，乾隆四十四年。

47. （美）胡斯都·L. 冈察雷斯：《基督教思想史》，陈泽民等译，江苏：译林出版社，2010 年，掌阅电子书。

48. 黄兴涛、王国荣编：《明清之际西学文本——50 种重要文献汇编（第二册）》，北京：中华书局，2013 年。

49. 黄滋生、何思兵：《菲律宾华侨史》，广州：广东高等教育出版社，1987 年。

50. ［宋］江贽：《少微通鉴节要外纪》，《四库全书存目丛书》编纂委员会编：《四库全书存目丛书》史部第二册，济南：齐鲁书社，1996 年。

51. ［宋］金履祥：《资治通鉴前编》第一卷，东京：国立公文书馆（National Archives of Japan）藏正德年间慎独斋刊本。

52. （菲）柯里诺：《〈无极天主正教真传之正辩〉考》，《大陆杂志》，1963 年第 8 期，第 251-254 页。

53. ［春秋］孔子：《论语》，张燕婴译注，北京：中华书局，2006 年。

54. ［春秋］孔子：《诗经》，王秀梅译注，北京：中华书局，2006 年。

55. ［春秋］孔子：《孝经》，杭州：浙江古籍出版社，2016 年，京东读书电子书。

56. ［明］李东阳：《御制历代通鉴纂要》第一卷，正德二年刊本。

57. （意）利玛窦：《乾坤体义》，钦定四库全书，乾隆四十六年。

58. （西）黎尼妈（Domingo de Nieva）：《新刊僚氏正教便览》（*Memerial de la vida cristiana en lengua china*），马尼拉：Pedro de Vera，1606 年。

59. ［宋］黎靖德编：《朱子语类》，王星贤点校，北京：中华书局，1986 年。

60. 李毓中：《〈印地亚法典〉中的生理人：试论西班牙统治菲律宾初期有关华人的法律规范》，朱德兰主编：《中国海洋发展史论文集（第八辑）》，台北："中央研究院"中山人文社会科学研究所，2003 年。

61. 林应麟：《福建书业史》，厦门：腾江出版社，2004 年。

62. ［宋］刘恕：《资治通鉴外纪》第一卷，《四部丛刊》史部，上海：涵芳楼藏明刊本。

63. 楼宇烈：《中国的品格》，成都：四川人民出版社，2015 年。

64. 楼宇烈：《中国文化的感悟》，北京：商务印书馆，2021 年。

65. 陆明君：《魏晋南北朝碑别字研究》，吉林大学博士论文，2007 年。

66. 罗金满：《明代建阳戏曲刻书发展及贡献》，《中国戏曲学院学报》，2015 年第 2 期，第 32-37 页。

67. ［明］罗懋登：《三宝太监西洋记》，Kindle 电子书，2012 年。

68. ［宋］罗泌：《路史》第一至四卷，《钦定四库全书》史部，乾隆四十三年。

69. （意）罗明坚（Michele Ruggieri）：《天主圣教实录》，肇庆：1584 年。

70. 马可·波罗：《马可·波罗游记》，李季译，上海亚东图书馆，1936 年。

71. ［战国］孟子：《孟子》，万丽华、蓝旭译注，北京：中华书局，2007 年。

72. 缪咏禾：《中国出版通史（明代卷）》，北京：中国书籍出版社，2008 年。

73. 南怀瑾：《易经杂说》，上海：复旦大学出版社，2002 年。

74. ［明］南轩：《订正通鉴纲目前编》第一册、第二册，东京：国立公文书馆（National Archives of Japan）藏万历年间刊本。

75. 潘贝顽：《高母羡〈辩证教真传实录〉初步诠释》，《道风》，1998 年第 9 期，第 149-168 页。

76. 戚印平：《"Deus" 的汉语译词以及相关问题的考察》，《世界宗教研究》，2003 年第 2 期，第 88-97 页。

77. 戚志芬：《中菲交往与中国印刷术传入菲律宾》，《文献》，1988 年第 4 期，第 252-265 页。

78. 卿希泰主编：《中国道教史》第 3 卷，成都：四川人民出版社，1996 年。

79. 任继愈主编：《中国道教史》，上海：上海人民出版社，1990 年。

80. 圣奥古斯丁：《忏悔录》，基督徒生活网：www.cclw.net/soul/chanhuilu/htm/011.html，访问时间：2019 年 5 月 23 日.

81. ［宋］司马光：《稽古录》第一至九卷，《钦定四库全书》史部，乾隆四十一年。

82. ［汉］司马迁：《史记》第一卷，东京：国立公文书馆（National Archives of Japan）藏万历年间刊本。

83. ［汉］司马迁：《史记（第二册）》，上海：汉语大词典出版社，2004 年。

84. ［宋］邵雍：《皇极经世书》，《钦定四库全书》子部，乾隆四十六年。

85. ［宋］苏辙：《古史》第一至五卷，《钦定四库全书》史部，乾隆四十一年。

86. 涂秀红：《论明代建阳刊小说的地域特征及其生成原因》，《文学遗产》，2010 年第 5 期，第 96-107 页。

87. 王银泉：《明清之际耶稣会士科学译介研究（1582-1793）》，南京农业大学博士学位论文，2010 年。

88. 文绍安编：《增广贤文》，成都：成都出版社，1995 年。

89. 吴莉苇：《明清传教士中国上古编年史探源》，《中国史研究》，2004 年第 3 期，第 137-156 页。

90. ［明］吴迁：《天妃娘妈传（天妃济世出身传）》，昌江逸士涂德校，建阳：潭邑书林熊龙峰梓，1605 年。

91. （古罗马）西塞隆：《论神性》，石敏敏译，北京：商务印书馆，2012 年，

Kindle 电子书。

92. 谢水顺、李斑：《福建古代刻书》，福州：福建人民出版社，2001 年。

93. ［明］徐畛：《杀狗记》，中山大学中文系五五级明清传奇校勘小组整理，北京：中华书局，1960 年。

94. 徐宗元辑：《帝王世纪辑存》，北京：中华书局，1964 年。

95. 徐宗泽：《明清间耶稣会士译著提要》，上海：上海世纪出版集团，2010 年。

96. ［明］薛应旂：《甲子会纪》，东京：国立公文书馆（National Archives of Japan）藏嘉靖年间刊本。

97. ［古希腊］亚里士多德：《亚里士多德全集》，苗力田编，北京：中国人民大学出版社，2016 年。

98. 杨绳信：《历代刻工工价初探》，载上海新四军历史研究会印刷印钞分会编：《历代刻书概况》，北京：印刷工业出版社，1991 年。

99. ［明］佚名：《出像增补搜神记》，罗懋登作序，南京：富春堂，1573 年。

100. 佚名：《列子》，景中译注。北京：中华书局，2007 年。

101. ［明］佚名：《三教源流搜神大全》，叶德辉据明刊本翻刻，长沙：中国古书刊印社，1936 年。

102. ［明］袁黄：《鼎锲赵田了凡袁先生编纂古本历史大方纲鉴补》第一卷，明万历末年刊本。

103. 袁森林：《〈明实录〉所见明代的语言文字政策》，吉林大学硕士论文，2006 年。

104. 曾良：《俗字及古籍文字通例研究》，南昌：百花洲文艺出版社，2006 年。

105. 张彬村：《美洲白银与妇女贞洁：1603 年马尼拉大屠杀的前因与后果》，朱德兰主编：《中国海洋发展史论文集（第八辑）》，台北："中央研究院"中山人文社会科学研究所，2003 年，第 295-325 页。

106. ［明］张鼐：《新镌张太史注释题纲鉴白眉》第一卷，金陵潮少泉刊本。

107. 张树栋等：《简明中华印刷通史》，桂林：广西师范大学出版社，2004 年。

108. 张星烺：《中西交通史汇编》第一册。北京：中华书局，1977 年。

109. 张西平：《菲律宾早期的中文刻本再研究——以〈新编格物穷理便览〉为中心》，《南洋问题研究》，2010 年第 3 期，第 73-80 页。

110. ［明］张燮：《东西洋考》，北京：中华书局，1981 年。

111. 张秀民:《中国印刷史》，杭州：浙江古籍出版社，2007 年。

112. 张涌泉:《汉语俗字研究》，北京：商务印书馆，2010 年。

113. 赵振江:《中国西班牙文化交流史》，北京：国际文化出版公司，2010 年。京东读书电子书。

114. 郑洪新编:《中医基础理论》，北京：中国中医药出版社，2016 年，Kindle 电子书。

115. ［宋］郑樵:《通志》第一至三卷，光绪丙申年浙江书局刊本。

116. （荷）钟鸣旦:《耶稣会士的中国史与纪年著作及其所参考的中国文献》，《世界汉学》，2013 年第 11 期，第 55-102 页。

117. 钟鸣旦等编:《徐家汇藏书楼明清天主教文献续编》（*Sequel to Chinese Christian Texts from the Zikawei Library*）第十六册，第二十六册，台北：利氏学社，2013 年。

118. ［明］钟惺:《鼎锲钟伯敬订正资治纲鉴正史大全》第一卷，闽潭余应虬崇祯年间刊本。

119. 周安邦:《〈明心宝鉴〉研究》，台中：瑞成书局，2013 年。

120. 周秋良:《明刊本〈香山记〉的剧本形态及演出特征》，《中南大学学报》，2011 年第 6 期，第 181-185 页。

121. 周秋良:《观音本生故事戏论疏》，成都：电子科技大学出版社，2014 年。

122. （美）周绍明（Joseph P. McDermott）:《书籍的社会史》，何朝晖译，北京：北京大学出版社，2010 年。

123. ［宋］朱熹:《四书章句集注》，北京：中华书局，1983 年。

二、外文文献

1. Agustín. 2010. *Confesiones.* Madrid: Editorial Gredos.

2. Agustín. *La Trinidad.* San Agustín: https://www.augustinus.it/spagnolo/trinita/index2.htm. Accessed on January 7, 2021.

3. Aduarte, Fr. Diego & Fr. Domingo González. *Historia de la Provincia del Sancto Rosario de la Orden de Predicadores en Philippinas, Japón y China.* Manila: Luis Beltran, 1640.

4. Alberto Magno. 1495. *De animalibus.* Venetiis: Johannes et Gregorius de Gregoriis.

5. Alberto Magno. 2012. *Sobre el alma,* trad. Jorg Alejandro Tellkamp. Pamplona: Ediciones Universidad de Navarra.

6. Alsina Calvés, José. 2010. "La Introducción del símbolo de la fe de Fray Luis de Granada", in *El Catoblepas: revista crítica del presente,* vol. 106. p.10. https://www.nodulo.org/ec/2010/n106p10.htm, Accessed on July 22, 2022.

7. Alva Rodríguez, Inmaculada. 1997. *Vida municipal en Manila (Siglos XVI-XVII)*. Córdoba: Servicio de Publicaciones de la Universidad de Córdoba.

8. Álvarez, Francisco. 1561. *Historia de las cosas de Ethiopia.* Zaragoza: Casa de Agostin Millan.

9. Álvarez del Manzano, Bartolomé. 1895. *Compendio de la reseña biográfica de los religiosos de la Provincia del Santísimo Rosario de Filipinas*. Manila: Establecimiento Tipográfico del Real Colegio de Santo Tomás.

10. Ambrose. 1961. *Hexaemeron, Paradise, and Cain and Abel*, Translated by John J. Savage. New York: Fathers of the Church, Inc.

11. Aquinas, Thomas. 1259-1265. *Summa contra gentiles.* Tomasdeaquino.org. https://tomasdeaquino.org/suma-contra-gentiles/. Accessed on September 19, 2021.

12. Aquinas, Thomas. *Suma teológica*. 1265-1274. Tomasdeaquino.org. https://hjg.com.ar/sumat/. Accessed on September 19, 2021.

13. Avicenna. 1973. *The Canon of Medicine of Avicenna*. New York: AMS Press.

14. Barrón Soto, María Cristina. 1992. "El mestizaje y la hispanización de Filipinas", in María Cristina Barrón ed. *La presencia novohispana en el Pacífico insular: actas de las segundas jornadas internacionales celebradas en la ciudad de México, del 17 al 21 de septiembre de 1990*, Ciudad de México: Universidad Iberoamericana. pp.99-116.

15. Barros, Joao de. 1563. *Da Asia. Decada terceira*. Lisboa: Joam de Barreira.

16. Bernard, Henri. 1942. "Les originenes chinoises de l'a imprimerie aux Philipipines". in *Monumenta Serica*, vol. 7. pp.312-314.

17. Blair, E. H. & J. A. Robertson, ed. 1903-1909. *The Philippine Islands 1493-1898*. Vols. IV-XII. Project Gutenberg. www.gutenberg.net. Accessed on May 25, 2021.

18. Bonaventurae Bagnoregis. *Itinerario del alma a Dios*. Franciscus Facit, pdf document. Documenta Catholica Omnia: https://www.documentacatholicaom nia.eu/03d/1221-1274,_Bonaventura,_Itinerarium_Mentis_in_Deum,_ES.pdf. Accessed on January 7, 2021.

19. Borao, José Eugenio. 2012. "La 'Escuela de traductores de Manila': traductores y traducciones en la frontera cultural del Mar de China (Siglos XVI y XVII)" in Isaac Donoso Jiménez ed. *Historia cultural de la lengua española en Filipinas: ayer y hoy*. Madrid: Verbum. pp.23-51.

20. Castanheda, Fernao Lopes de. 1552-1561. *História do descobrimento & conquista da India pelos portugueses*. Coimbra: Ioao da Barreyra.

21. Castanheda, Fernao Lopes de. 1554. Historia de descubrimento & conquista da India por los portugueses. Coimbra: Martin Nucio.

22. Centeno, Amaro. 1595. *Historia de cosas del levante*. Córdoba: Diego Galuan.

23. Cervera, José Antonio. 2013. *Tras el Sueño de China: Agustinos y dominicos en Asia Oriental a finales del siglo XVI*. Madrid: Plaza y Valdés.

24. Cervera, José Antonio. 2015. Cartas del Parián: los chinos de Manila a finales del siglo XVI a través de los ojos de Juan Cobo y Domingo de Salazar, México: Palabra de Clío.

25. Cervera, José Antonio. 2016. "El Shilu del dominico Juan Cobo (1593): apuntes sobre su interpretación de algunos conceptos filosóficos chinos" in Revista Estudios, no.1. p.9.

26. Chan, Albert. 1989. "A Note on the Shih-Lu of Juan Cobo". *In Philippine Studies*, 37, 4: 479-487.

27. Cicerón, Marco Tulio. 2016. *De las leyes*. Trans. & ed. Julio Pimentel Álvarez. México D. F.: Universidad Nacional Autónoma de México.

28. Cicerón, 1999. *Sobre la naturaleza de los dioses*, Madrid: Editorial Gredos.

28. Ciceronis, Marci Tullii. 1896. *De Natura Deorum*. London: Methuen & Co.

29. Cos, Fr. Julián de. 2014. *La espiritualidad de Fray Luis De Granada*. Dominicos. Salamanca, https://www.dominicos.org/media/uploads/recursos/ libros/la_espiritualidad_de_fray_luis_de_granada_julian_de_cos_2020.pdf. Accessed on January 1, 2020.

30. Cruz, Gaspar da. 1996. *Tratado em que se constam muito por extenso as cousas da China*. Macao: Museu Marítimo de Macau.

31. Damascus, John of . *De Fide Orthodoxa: an Exact Exposition of the Orthodox Faith*. Documenta Catholica Omnia: https://www.documentacatholicaomnia. eu/03d/0675-0749,_Ioannes_Damascenus,_De_Fide_Orthodoxa,_EN.pdf. Accessed on December 5, 2020.

32. Donoso, Isaac. 2012(1). "El Barroco filipino", in Isaac Donoso Jiménez ed. *Historia cultural de la lengua española in Filipinas: ayer y hoy*. Madrid: Verbum. pp.85-145.

33. Donoso, Isaac. 2012 (2). "El español y la historia de la lectura en Filipinas" in Isaac Donoso Jiménez ed. Historia cultural de la lengua española en Filipinas: ayer y hoy. Madrid: Verbum. pp.429-456.

34. Dudink, Ad. 2012. "Biblical Chronology and the Transmission of the Theory of Six 'World Ages' to China: 'Gezhi Aolüe'《格致奧略》(Outline of the Mystery [Revealed Through] Natural Science; before 1723)" in *East Asian Science, Technology, and Medicine,* vol. 35. pp.89-138.

35. Eliano, Claudio. 1984. *Historia de los animales Libros I-VIII*, tra. José María Díaz-Regañón López. Madrid: Editorial Gredos.

36. Escalante, Bernardino de. 1577. *Discurso de la navegación que los portugueses hazen a los reinos y provincias del Oriente, y de la notícia que se tiene del reino de China*. Sevilla: casa de la biuda de Alonso Escriuano.

37. Fernández, Fr. Alonso. 1611. *Historia eclesiastica de nvestros tiempos*. Toledo: Viuda de Pedro Rodriguez.

38. Fernández, Fr. Alonso. 1613. Historia de los insignes milagros que la Magestad Divina ha obrado por el Rosario... Madrid: Alonso Martin de Balboa.

39. Fernández Navarrete, Domingo. 1679. *Controversias antiguas y modernas de la mission de la gran China*. Biblioteca Nacional de Madrid: R/2012, 56. http://catalogo.bne.es/uhtbin/cgisirsi/?ps=hujv2lj3Gl/BNMADRID/17759048 9/9. Accessed on November 23, 2018.

40. Folch, Dolors. 2010 (1). "El pecado nefando: la homosexualidad china en las relaciones castellanas del XVI". REDIAO, no.2. pp.61-98.

Researchgate: https://www.researchgate.net/publication/311589323. Accessed on September 12, 2021.

41. Ramusio, Giovanni Battista. 1550. *Delle navigationi et viaggi*. Venetia: Gli Heredi Di Lucantonio Giunti.

42. Folch, Dolors. 2010 (2). "¿Todos los chinos sabían leer y escribir? Escritura, lengua y educación china en los textos españoles del XVI". Lenguas de Asia Oriental: estudios lingüísticos y discursivos, no.8. pp.119-131. Researchgate: https://www.researchgate.net/publication/323870506. Accessed on September 12, 2021.

43. Folch, Dolors. 2018, "Martín de Rada's Book Collection", in Sinologia Hispánica, China Studies Review, no.1. pp.1-26.

44. Galen. 1916. *On the Natural Faculties*, trans. Arthur John Brock. London: William Heinemann.

45. Galien, Claude. 1659. *De L'usage des parties du corps humain*. Paris: Charles du Mesnil Libraire Iuré.

46. Gayo Aragón, Jesús, ed. 1951. *Doctrina christiana en letra y lengua china*. Manila: UST.

47. González, José María. 1964. *Historia de las Misiones Dominicanas de China 1632-1700*, vol. 1. Madrid: Imprenta Juan Bravo.

48. González Álvarez, Ángel. 1986. *Tratado de metafísica: teología natural*. Madrid: Editorial Gredos.

49. Granada, Luis de. 1848-1849. *Obras del V. P. M. fray Luis de Granada*. Madrid: La Publicidad. Biblioteca Digital Hispánica. http://bdh-rd.bne.es/viewer.vm?id=0000052692&page=1. Accessed on September 23, 2021.

50. Granada, Luis de. 1989. Introducción del símbolo de la fe. Ed. José María Balcells. Madrid: Cátedra.

51. Hippocrates, W. H. S. Jones, *et al.* 1962. *Hippocrates*. London: William Heinemann.

52. Huc, Evariste Régis. 1857. *Christianity In China, Tartary And Thibet*, vol. I. London: Longman, Brown, Green, Longmans, & Roberts.

53. Hule, Henry., Henri Cordier, *et al.* 1914. *Cathay And the Way Thither: Being a*

Collection of Medieval Notices of China, vol.III. London: Printed for the Hakluyt Society.

54. Knauth, Lothar. 1970. "El inicio de la sinología occidental. Las traducciones españolas del Ming Hsin Pao Chien" in *Estudios Orientales*, no.1. pp.1-21.

55. Li, Yan. 2015. "Las misiones Dominicanas a finales de la Dinastía Ming en China" in *Catalogación y estudio de las traducciones de los dominicos españoles e iberoamericanos*. Programa Estatal de Fomento de la Investigación científica y técnica de excelencia su programa estatal de generación de conocimiento 2015-2017 Ref.: FFI 2014-59140-P, http://traduccion-dominicos.uva.es/pagina/extremo-oriente, Accessed on March 23, 2017.

56. Liu, Dun. 1998. "Western Knowledge of Geography Reflected in Juan Cobo's Shilu (1593)" in Luís Saraiva ed. *History of Mathematical Sciences: Portugal and East Asia II*. Singapoor: World Scientific Publishing. pp.45-57.

57. Liu, Limei. 2002. *La traducción castellana del libro chino Beng Sim Po Cam/ Espejo rico del Claro Corazón, Realizada por Juan Cobo C. 1590: Estudio Crítico y Bio-Bibliográfico*. PhD diss., Universidad Complutense de Madrid.

58. López, Fr. Juan. 1621. *Quarta parte de la Historia general de Santo Domingo y de su Orden de Predicadores*. Valladolid: Juan de Rueda.

59. Martínez Esquivel, Ricardo y Pablo Rodríguez Durán. 2016. "Entre la religiosidad china y el evangelio cristiano: ¿una mirada a la "otra" primera divergencia?" in *Revista Estudios*, vol. 32. https://dialnet.unirioja.es/servlet/articulo?codigo=5556389. Accessed on August 26, 2021.

60. Mayoral Asensio, Roberto. 1999. "La traducción de referencias culturales" in *Sendebar,* vol.10. pp.67-88. http://www.ugr.es/~rasensio/docs/Referencias_culturales.pdf. Accessed on April 15, 2017.

61. Medina, José Toribio. 1958. *Historia de la imprenta en los antiguos dominios españoles de América y Oceanía*. Santiago de Chile: Fondo Histórico y Biblio gráfico José Toribio Medina.

62. Medina, Miguel Angel. 1990. "Paralelismo entre la 'doctrina christiana en lengua española y mexicana' y la 'doctrina en lengua china' (México 1548-Manila 1593)" in Josep-Ignasi Saranyana, Primitivo Tineo, *et al*. eds.

Evangelización y teología en América (siglo XVI): X Simposio Internacional de Teología de la Universidad de Navarra, vol.2. Navarra: Servicio de Publicaciones de la Universidad de Navarra. pp.955-971.

63. Medina, Pedro. 1550. *Suma de cosmographia*. Manuscrito. Biblioteca Digital Hispánica. http://bdh-rd.bne.es/viewer.vm?id=0000051798&page=1. Accessed on August 26, 2021.

64. Morga, Antonio de. 1909. *Sucesos de las Islas Filipinas.* Ed. W.R. Retana. Madrid: Librería General de Victoriano Suárez.

65. Ocio, Hilario. 1891. *Reseña Biográfica de los religiosos de la Provincia del Santísimo Rosario de Filipinas*. Manila: Establecimiento tipográfico del Real Colegio de Santo Tomás.

66. Ollé, Manuel. 1998. *Estrategias filipinas respecto a China: Alonso Sánchez y Domingo Salazar en la empresa de China (1581-1593).* PhD diss., Universitat Pompeu Fabra, Barcelona.

67. Ollé, Manuel. 2006. "La formación del Parián de Manila: la construcción de un equilibrio inestable", in P. San Ginés ed. La investigación sobre Asia Pacífico en España, vol.I. Granada: Universidad de Granada, CEIAP (Colección Española de Investigación sobre Asia Pacífico).

68. Ollé, Manuel. 2008. "Interacción y conflicto en el Parián de Manila" in Illes i immperis: Estudios de historia de las sociedades en el mundo colonial y post-colonial, no.10/11. pp.61-90.

69. Osgood, Dr. J. 1981. "La Fecha del diluvio de Noé" in *Creation*, no.1, pp.10-13. Answers in Genesis. https://answersingenesis.org/es/biblia/la-fecha-del-diluvio-de-no%C3%A9/. Accesed on August 11, 2020.

70. Padres ministros de los sangleyes de la Orden de Sancto Domingo. 1593. *Doctrina cristina en letra y lengua china*（《基督教义》）. Manila: Keng Yong.

71. Padres y hermanos dela Compañia de Iesus. 1555. *Copia de vnas cartas de algunos padres y hermanos dela Compañia de Iesus que escriuieron dela India, Iapon, y Brasil a los padres y hermanos dela misma compañia*. Coimbra: Ioan Aluarez.

72. Padri della Compagnia di Giesu. 1565. *Nuovi Avisi Dell'Indie Di Portogallo.*

Quarta parte. Venetia: Michele Tramezzino.

73. Paley, William. 1892. *Teología Natural*. Trad. J.L. de Villanueva. Nashville: Casa de Publicaciones de la Iglesia Metodista Episcopal del Sur.

74. Philo, Alexandria. 1498. "Breviarium de temporibus", in Gianni Nanni O. P. ed. *Antiquitatum variarum volumina XVII*. Roma: Eucharius Silber.

75. Pinto, Ferdinand Méndez & A. C. Monteiro. 1952-53. *Peregrinaçam : texto primitivo, inteiramente conforme a primeira edicao (1614) Pergrinacao: versao integral em portugues moderno*. Lisboa: Sociedade de Intercambio Cultural Luso Brasileiro.

76. Platón. *El Banquete*. pdf document. Elejandria: https://www.elejandria.com/li bro/el-banquete/platon/1682. Accessed on May 25, 2020.

77. Platón. Fedón. pdf document. Elejandria: https://www.elejandria.com/libro/fed on/platon/100. Accessed on May 25, 2020.

78. Platón. Fedro. pdf document. Elejandria: https://www.philosophia.cl/biblioteca/ platon/Fedro.pdf. Accessed on May 25, 2020.

79. Platón. Timeo. pdf document. Santigo: Escuela de Filosofía Universidad ARCIS. https://www.philosophia.cl/biblioteca/platon/Timeo.pdf. Accessed on May 25, 2020.

80. Platón. La República. pdf document. Buenos Aires: Biblioteca Virtual Universal. https://biblioteca.org.ar/libros/8207.pdf. Accessed on May 25, 2020.

81. Plinio Segundo, Cayo. 1624. *Historia Natural*, trad. Gerónimo de Huerta. Madrid: Luis Sánchez.

82. Plinio Segundo, Cayo. 1629. Historia Natural, vol.II, trad. Gerónimo de Huerta. Madrid: Juan González.

83. Plinio el viejo. 2003. *Historia natural*, libros VII-XI. Madrid: Editorial Gredos.

84. Provincia del Santísimo Rosario de Filipinas. 1916. *Los dominicos en el extremo oriente*. Barcelona: Industrias Gráficas Seix & Barral Herms, S. A.

85. Quétif, Jocobo y Jacobo Echard. 1719-1721. *Scriptores Ordinis Praedicatorum*. Paris: Lutetiae Parisiorum.

86. Rada, Martín de. 1575. *Relación de las cosas de china que propiamente se llama Taibin*. Transcr. Dolors Folch Fornesa. Proyecto de La China en España:

Elaboración de un Corpus Digitalizado de Documentos Españoles sobre China de 1555 a 1900. https://www.upf.edu/asia/projectes/che/s16/radapar.htm. Accessed on August 20, 2020.

87. Reina-Valera. 2009. *La Santa Biblia*. Salt Lake City: La Iglesia de Jesucristo de los Santos de los Últimos Días.

88. Remesal, Fr. Antonio de. 1619. *Historia de la provincia de S. Vicente de chyapa y Guatemala de la Orden de nro. Glorioso Padre Sancto Domingo*. Madrid: Francisco de Angulo.

89. Retana, W. E., 1899. *La imprenta en Filipinas*. Madrid: Imprenta de la viuda de M. Minuesa de los Ríos.

90. Retana, W. E. 1911. Orígenes de la imprenta filipina: investigaciones históricas, bibliográficas y tipográficas. Madrid: Librería General de Victoriano Suárez.

91. Román, Gerónimo. 1595. *Repúblicas del Mundo*. Salamanca: Casa de Juan Fernández.

92. Van Der Loon, Piet. 1969. "The Manila Incunabula and Early Hokkien Studies" in Walter Simon ed. *Asia Major- a British Journal of Far Eastern Studies, New Series 21*. London: Percy Lund Humphries & Co. Ltd.

93. Villarroel, Fidel ed. 1986. *Pien Cheng Chiao Chen-Chu'an Shih-lu* (《辩正教真传实录》*Apología de la verdadera religion*). Manila: UST Press.

94. Sanz, Carlos. 1958. *Primitivas relaciones de España con Asia y Oceanía: los dos primeros libros impresos en Filipinas, más un tercero en discordia*. Madrid: Librería General Victoriano Suaréz.

95. Séneca. 1986. *Epístolas morales a Lucilio*. Trad. y edi. Ismael Roca Meliá. Madrid: Editorial Gredos.

96. Séneca. Sobre la providencia. pdf document. Asociación Presencia Cristiana: http://www.presenciacristiana.net/libros/pdf/providencia.pdf. Accessed on September 23, 2021.

97. Theodoret Evesque de Cyr. 1578. *Dix Livres de Theodoret Evesque de Cyr, Ancien docteur d'Eglise, touchant la providence de Dieu*. Lyon. pdf document. Google Books: https://books.google.com.sg/books/about/Dix_livres_de_Theodoret_Evesque_de_Cyr_t.html?id=qIB6EMYEgbgC&redir_esc=y. Accessed

on December 5, 2020.

98. Vincent de Beauvais. 1481-1494. *Speculum naturale*. Venecia: Hermannus Liechtenstein.

99. Willes, Richard. 1577. *History of Trarayle in the West and East Indies and other countries Lying either way towards the fruitful and ryche Moluccan.* London: R. Jugge.

100. Wolf, Edwin ed. 1947. *The First Book Printed In The Philippines, Manila, 1593. A Facsimile Of The Copy In The Lessing J. Rosenwald Collection, Library Of Congress, Washington, With An Introductory Essay By Edwin Wolf 2nd.* Philadelphia: Edward Stern & Company Inc.

101. Ximeno Presbitero, Vicente. 1747. *Escritores del reino de Valencia,* vol. I. Valencia: Joseph Estevan.

102. Yan, Li. 2015. "Las misiones Dominicanas a finales de la Dinastía Ming en China" in *Catalogación y estudio de las traducciones de los dominicos españoles e iberoamericanos.* Programa Estatal de Fomento de la Investigación científica y técnica de excelencia su programa estatal de generación de conocimiento 2015-2017. Ref. : FFI 2014-59140-P. http://traduccion-dominicos.uva.es/pagina/extre mo-oriente, Accessed on March 23, 2017.

103. Yan, Li. 2019. *Estudio descriptivo sobre la aceptabilidad de las técnicas de traducción de obras clásicas chinas entre lectores españoles: una investigación empírica sobre las dos versiones castellanas de* 明心宝鉴 *ming xin bao jian "corazón puro y rico espejo".* PhD diss, Universidad de Valladolid.

104. Zhou, Meng. 2021. *Cuando el mar se encuentra con la tierra: cultura marítima y comercio exterior de Zhangzhou (1567-1644).* PhD diss, Universidad de Granada.

附录一：菲律宾中文刻本的术语翻译对应表

西　语	《实录》	《基督教义》	《僚氏》	《格物》	英　语	现代汉语
Aarón				哑伦	Aaron	亚伦
Abadesa				尼姑撑院	Abbess	女修道院
Abdón				押朗	Abdon	阿顿
Abel				哑迷	Abel	亚伯
Abías				哑美耶氏	Abijah	亚比雅
Abimelec				哑微冥历	Abimelech	亚比米勒
Abraham			哑猫胜汉	哑猫胜汉	Abraham	亚伯拉罕
Absalón			狎沙郎		Absalom	押沙龙
Acaz				哑胶氏	Ahaz	亚哈斯
Ada				哑胜	Ada	艾达
Adam	哑难		哑兰/亚兰	哑兰	Adam	亚当
Ajalón				哑希朗	Ajalon	阿雅隆
Alejandro Janneo				哑黎双螺	Alexander Janneo	亚历山大·詹尼奥
Alma		神魂	神魂/魂灵		Soul	灵魂
Amasías				哑麻施耶氏/哑麻施耶	Amaziah	亚玛谢

Amén		哑民	哑民	哑民	Amen	阿门
Amón				哑汶	Ammon	艾蒙
Amós				哑毛士	Amos	阿摩司
Ana		安那	安那	安那	Ana	安娜
Anás			安那氏		Annas	亚那
Andrés				安直黎氏	Andrew	安德鲁
Ángel	天神	得道人神魂/天人	天人/尫奚黎氏	天人	Angel	天使
ángeles				尫奚黎氏	Angels	天使
Año nuevo		新年好日/西士表名好日	新年好日		New Year	新年
Anticristo				安治奇厘实道	Antichrist	敌基督
Apocalipsis				没世终穷日	Apocalypse	末日
Apolo				哑保罗	Apollo	阿波罗
apóstoles		哑褒实道黎氏	哑褒士多黎氏/哑褒实多黎氏/徒弟	哑褒士多黎氏/徒弟	apostles	使徒
Árabe				哑膀微耶	Arab	阿拉伯
arcángeles				哑奚江奚黎氏/哑黎江奚螺	Archangels	大天使
Arfaxad				哑伐萨	Arfaxad	阿法沙德
Aristóbulo				哑尼实道无吕	Aristobulus	阿里斯托布鲁斯
arrepentirse/penitencia			哀悔		repent /penance	忏悔
Arsenio			揭西娘		Arsenio	阿塞尼奥
Asa				哑沙	Asa	亚撒
Aser				哑夕	Asher	亚设
Asuero			哑衰洛		Ahasuerus	亚哈随鲁

Asunción de la Virgen		山礁妈厘哑上天好日	山礁妈厘哑上天好日		Assumption of the Virgin	圣母升天
Atalia				哑礁里耶	Athalia	阿塔利亚
Atención			哑丁讼/心到入神		Attention	专注
Ave María		亚迷妈厘哑/哑谜妈厘哑/哑谜妈厘亚	哑迷妈厘哑/哑迷麻厘哑/哑迷麻尼哑	哑迷妈尼哑	Ave Maria	万福马利亚
Ayunar		减餐	减餐	减餐	Fast	斋戒
Azarías				哑沙里哑氏	Azarias	阿扎里亚斯
Baptista		茅知实踏	茅知实（踏）		Baptista	施洗者
baptizar		濂水		净水	baptize	施洗
Barac				猫六交	Barak	巴拉克
Barrabás			猫流猫氏	猫勝识氏	Barabbas	巴拉巴
Bautismo		茅知氏冒	茅知是冒	芋知氏冒	Baptism	洗礼
Bautismo del Señor		迎西士奇尼实道在沙交览民厨好日	迎西士奇尼实道在沙交览民厨好日		Baptism of the Lord	主的洗礼
Belén		默岭	默领	默岭	Belen	贝伦
Bendita		民尼踏	民尼踏		Blessed	有福
Benjamín				明沙民	Benjamin	本杰明
Biblia			山经/（西士奇尼实道）圣鉴	圣鉴	Bible	圣经
Caifás				该华氏	Caiaphas	该亚法
Caín				偕因	Cain	该隐
Cainán				偕因南	Cainan	该南
Calvario		胶勝猫留	交勝猫留	交勝猫寮	Calvary	髑髅地
Cam				甘	Cam	凸轮
Canán				干那罕	Canaan	迦南

Cananea			交难呢耶/交难里耶		Cananea	卡纳尼亚
Caridad			交尼力/爱僚氏/思忆僚氏/交厘力		Charity	慈善
castellano			干施蜡		Spanish	卡斯蒂利亚的
Castidad			葛施知力/正经清洁		Chastity	贞洁
Castilla			干施耶		Castile	卡斯蒂利亚
católico		交刀厘咬		加多尼咬	Catholic	天主教的
Celesiria				西尼施里耶	Coele-Syria	柯里叙利亚
celidoña	西理罗仔				celandine	白屈菜
Cerula				施劳朥	Cerula	赛鲁拉
César Augusto				欧愚述道西沙/哑愚述道西沙	Caesar Augustus	凯撒·奥古斯都
Cielo	天庭/天堂	天堂	天堂/净境/天上	天堂	Heaven	天堂
Clemente VIII				奇尼民治	Clement VIII	克莱门特八世
Colonia				高仑里耶	Cologne	科隆
comunión		高冒牙	高冒呀（牙）		communion	圣餐
Confesión/Sacramento de la Penitencia, de la Reconciliación, del Perdón, de la Confesión y de la Conversión		解罪	解罪/改罪/解/说罪/告罪	解罪	Confession/Sacrament of Penance, Reconciliation, Forgiveness, Confession and Conversion	忏悔/忏悔、和解、宽恕、忏悔和皈依圣事

confesores			功必梭里氏		confessors	忏悔者
Confirmación		公丕马常		光丕马松	Confirmation	坚振圣事
Confraile			高弗勝黎（兄弟）（人）		Brethren	兄弟会成员
Cristianismo/Catolicismo	道教/正教		天主教门	天主之正教/本头僚氏正教/净水之正教	Christianity	基督教
cristiano	居子	濂水人/人教人/入庙者	奇尼实典懦/奇尼实典懦士/人庙人/净水人	奇尼实典懦人/净水人/净人	Christian	基督教徒
Cristo		奇尼实道	奇尼实道/奇厘实道	奇尼实道	Christ	基督
Cruz		居律/居律氏/十字号	居律（氏）/十字号	居律氏/居律	cross	十字架
Cuaresma		高黎氏马	高犁氏马		Lent	大斋期
Dan				兰	Dan	但
Daniel			阒连		Daniel	丹尼尔
David			勝蜜	勝蜜	David	大卫
Débora				黎巫勝	Deborah	黛博拉
Decio				黎鞘	Decius	德修斯
demonio	魔鬼		恶鬼/魔鬼/邪魔	黎汶娘	Devil	魔鬼
Devoción			黎摩诵/立心勤苦好为等善事		Devotion	虔诚
día de candelaria		民尼踏蜡烛好日	民尼踏蜡烛好日		Candlemas	圣烛节

Dídimo				厘厘冒	Didymus	迪迪姆斯
diez mandamientos de Dios		僚氏律法	十诫/十条律法	十条律法	ten commandments of God	十诫
Dios	天主/礼乎氏/寮氏/无极/太极	僚氏/天主	天主/僚氏/寮氏	僚氏/天主/主	God	上帝/天主
discípulos		学生			disciples	门徒
dominaciones				罗民勝讼	Dominions	主天使
domingo		礼拜好日/礼拜日	礼拜（好）（日）		Sunday	星期日
Dotán				罗礁因	Dothan	多森
Edén				光景	Eden	伊甸园
Efraín				挨拂来荫	Ephraim	以法莲
Egipto			挨习道	挨习道	Egypt	埃及
Ehud				哀郁	Ehud	埃胡德
Elí				奚里	Eli	伊莱
Elías				挨里哑氏	Elijah	以利亚
emperador				伦丕勝律	emperor	皇帝
Enoc（hijo de Caín）				挨骆	Enoch（son of Caín）	以诺（该隐的儿子）
Enoc（hijo de Jared）				爷骆	Enoch（son of Jared）	以诺（杰瑞德的儿子）
Enós				挨懦士	Enos	以诺
ermita			岩寺		hermitage	隐居处
Esaú			依沙宇	沙宇	Esau	以扫
Esli				哑涯以	Esli	埃斯利
España				挨实班耶国	Spain	西班牙

esperanza			挨实卑难舍/挨氏卑阑舍/仰赖僚氏/看怙僚氏		hope	希望
espíritu	（神）魂		神魂/魂灵	挨氏卑尼厨/神魂/中人之性	spirit	精神
Espíritu Santo		卑厘厨山厨/僚氏卑尼厨山厨	卑尼厨山厨/卑厘厨山道/卑尼山厨/挨氏卑尼厨山道	挨氏卑尼厨山厨/卑尼厨山厨/僚氏挨氏卑尼厨山道/僚氏挨氏卑尼除山道	Holy Spirit	圣灵
Eucaristía		腰加厘实爹/腰巧尼实爹	邀巧尼实爹	腰巧尼实爹	Eucharist	圣餐
Eulalia（Olalla）				阿来耶	Eulalia（Olalla）	欧拉莉亚（奥拉拉）
europeo	佛郎机			佛郎人	European	欧洲的
Eva		姨妈	姨妈	姨妈	Eve	夏娃
Extremaución		一氏治马温常		挨士马温松	Extremaution	临终涂油礼
Ezequías				哑西已耶氏	Hezekiah	希西家
Faraón				花勝王	Pharaoh	法老
fariseo				华黎西由	Pharisee	法利赛人
fe			灰/恢/知信僚氏		faith	信仰
Felipe				卑里敝	Philip	菲利普
Fénix				灰哖氏	Phoenix	凤凰
Fiesta			好日/节气		Party	节日
Gad				呀揭	Gad	加德

Galilea				牙黎里耶/呀里螺耶	Galilee	加利利
Gedeón				奚黎王	Gideon	基甸
Getsemaní				奚西妈哖	Gethsemane	客西马尼园
Gloria		嗷啰哩仔/敖罗里耶	嗷啰哩哪/敖罗里耶		Glory	荣耀
gracia		呀胜舍	呀胜舍/福/欢喜	呀胜舍	funny	天恩/天佑
Heber				挨默	Heber	希伯
hebreo				下迷留	Hebrew	希伯来语
Herodes			奚罗氏、奚罗黎士	挨罗氏/挨罗黎氏	Herod	希律
Hijo（de Dios）			僚氏子	僚氏子	Son of God	圣子
Hircano（II）				奚尼干懦	Hyrcanus（II）	海尔卡努斯二世
Hircano（Juan Hircano I）				奚尼干懦	Hircano（Juan Hircano I）	海尔卡努斯一世
hombre/mujer virtuoso			得道之人/得道者/道者	得道人/道女/得道者/得道大贤/得道男人/得道妇人	virtuous man/woman	善男信女
hostia		阿实爹	阿实爹	阿实爹	communion wafer & bread	圣餐
Humildad			分民力/于民力/谦细		Modesty	谦虚
Ibzan				哑迷产	Ibzan	伊比赞
iglesia	庙/僧庙	庙/礼拜	礼拜/礼拜寺/庙/寺	礼拜寺	church	教堂
incienso			苏合香油		incense	香
Indulgencia			因间生舍		Indulgence	免罪
infierno		地狱	地狱/阴别懦	阴别懦/地狱	hell	地狱

Irad				夷力	Irad	拉德
Isaac			一揀	依揀	Isaac	以撒
Isabel		依沙迷	依沙民/ 依摄迷/ 依沙迷		Isabel	伊沙贝尔
Isacar				依沙葛	Issachar	以萨迦
Isaías			挨沙依哑 氏		Isaiah	以赛亚
Israel				施里耶	Israel	以色列
Jabal				沙默	Jabal	贾巴尔
Jacob			夏各/沙果	沙果	Jacob	雅各布
Jafet				耶旴	Japheth	雅弗
Jaía				怀乙	Jaia	贾亚
Jared				耶尼	Jared	贾里德
Jefté				翕短	Jephthah	耶弗他
Jeova	遥目				Jehovah	耶和华
Jeremías			奚黎绵 耶氏		Jeremiah	耶利米
Jerusalén		西吕沙陵	西吕沙陵	西吕沙陵	Jerusalem	耶路撒冷
Jesé			酰西		Jesse	杰西
Jesús	西士	西士氏	西士/ 西士氏	西士/ 西士氏	Jesus	耶稣
Joacaz				唆哑咬	Joachaz	约哈兹
Joacim （Joaquim）				华谨	Joachim	约亚敬
Joana				羡那	Joana	乔安娜
Joaquín				华锦	Joaquin	华金
Joaquín (hijo de Joacim)				华谨	Joaquin （son of Jehoiakim）	华金 （约雅敬 之子）
Joás				华氏	Joash	约阿什
Joel			阿灰		Joel	乔尔
Jonatán				分那达氏	Jonathan	乔纳森

Joram（Jehoram）			邀南	Joram（Jehoram）	约兰（Jehoram）
Jordán		述兰		Jordan	约旦
Josafat			吕沙伐/吕沙花伐	Jehoshaphat	约沙法
José			唆习/须习浩	Joseph	约瑟夫
José de Arimatea			须习	Joseph of Arimathea	亚利马太的约瑟
Josías			唆始耶氏	Josiah	约西亚
Josúe			和税	Josue	约书亚
Jotam			扶华淡	Jotham	约坦
Jubal			诛识	Jubal	朱巴尔
Judá			孚勝氏/须勝	Judah	犹大
Judas	孚勝氏	孚勝氏	孚勝氏/扶勝氏	Judas	犹大
judíos		孚留氏人/孚留人		Jews	犹太人
jueves	衰微氏	衰微氏/衰微日/衰微氏日		Thursday	星期四
La Inmaculada Concepción de María	山礁妈厘哑受孕好日	山礁妈厘哑受孕好日		The Immaculate Conception of Mary	圣母无玷受孕
Lamec			南益	Lamech	拉麦
Lázaro		蜡沙罗		Lazarus	拉撒路
Levi			黎微	Levi	列维
limbo	临暮	临暮	临暮/第三重地狱	limbo	净界
Limosna		舍施		Alms	施舍
Lorenzo			罗唪鞘	Lawrence	劳伦斯
Lot			罗厨	Lot	很多
lunes	仑挨氏	仑挨氏		Monday	星期一

Maat				哑沙勝万	Maat	马特
Machalaleel				玛勝黎乙	Machalaleel	马色拉列
Macimiano				目心绵罗	Macimiano	马西米亚诺
Malaca	马勝甲/麻力甲				Malacca	马六甲
Manasés				马拿西氏	Manasseh	玛拿西
Mandamientos	律法/僚氏律法	律法			Commandments	诫命
martes	妈罗值时	妈罗值氏			Tuesday	周二
Martina				玛勝珍亚	Martina	玛蒂娜
mártires		玛低黎氏	马低氏		martyrs	烈士
Matatías				麻礁知哑/妈礁知哑氏	Mattathias	马蒂亚斯
Matusalén				麻诛沙南	Methuselah	玛土撒拉
Maximiano				目心绵罗	Maximiano	马克西米亚诺
Mehujael				麻微哑塑	Mehujael	梅胡贾尔
Mérida				冥里勝	Merida	美利达
Metusael				麻诛沙塑	Metusael	梅图萨尔
México	微色果				Mexico	墨西哥
miércoles		绵高黎氏	绵高黎氏		Wednesday	星期三
milagro				绵勝敖罗/正法变化发见之事/发见之情	miracle	奇迹
Mileto				倪黎舍	Miletus	米利都
misa	绵卅	绵卅/礼拜	绵卅		mass	弥撒/礼拜
misericordia		慈心/慈悲			mercy	怜悯
misterios dolorosos	忧闷道理/忧闷事实	忧闷道理/忧闷事实			painful mysteries	痛苦五端
misterios gloriosos	作乐道理/作乐事实	作乐道理/作乐事实			glorious mysteries	荣福五端

misterios gozosos		得意道理/得意事实	得意道理/得意事实		joyous mysteries	欢喜五端
Mitríadates				绵知勝提氏	Mithradates	米特拉达梯
Moisés		毛以西氏	毛以西氏		Moses	摩西
Mongolia				鞑国、鞑靼之国	Mongolia	蒙古
mongólico				鞑人	Mongolian	蒙古人
Monja		尼姑			Nun	尼姑
monje baptista				净水和尚	Baptist monk	施洗牧师
Monte Ararat				哑勝力	Mount ararat	亚拉腊山
Monte de los Olivos				河里迷除	Mount of olives	橄榄山
Naama				郎挨玛/知低哑	Naama	纳玛
Nacor				那骨	Nacor	纳科尔
Nagai				妈讫	Nagai	永井
Nahum				妈唆罗郁	Nahum	内厄姆
Natividad de María			山礁妈尼哑出世好日		Nativity of Mary	圣母诞辰（节日）
Navidad		西士奇尼实道出世好日	西士奇尼实道出世好日		Christmas	圣诞节
Nazaret				那沙陵	Nazareth	拿撒勒
Neftalí				惟临	Naphtali	拿弗他利
Nimrod				林巫电	Nimrod	宁录
Nínive			尼尼袂（之城）		Nineveh	尼尼微
Noé				懦挨	Noah	挪亚
Nuevo Testamento			（本头）西士奇尼实道（圣）鉴		New Testament	新约

obediencia			讷微能舍/顺命	obedience	服从
Obispo		巴礼王		阿微释褒	Bishop	主教
Ocozías				阿施哑氏	Ahaziah	亚哈谢
orar		念经	念经	念经	pray	祈祷/祷告/念经
orden			寺	院	order	修会
orden		阿陵		阿陵	Order	教士任命礼
Oseas			阿西哑氏		Hosea	何西阿
Otoniel				阿多尼乙	Otoniel	奥托尼尔
paciencia			拔辛舍/忍气		patience	耐心
Padre		僚氏娘父		僚氏父	Dad	天父/圣父
padre/sacerdote/religioso	僧/尊僧	巴礼	巴礼/僧	巴礼/僧/司牧/净水和尚	Father	神父
Padrenuestro		天上俺爹	天上俺爹		The Lord's Prayer	天主经
papa	和尚王	巴罢	巴罢	巴罢	pope	教皇
Pascua		复生	复生		Easter	复活节
Peleg				花栗	Peleg	法勒
penitencia		卑尼珍舍			penance	忏悔
Persona		别孙/别孙仔	别孙耶	别孙耶	Person	位格
Pi-hahirot				北哑希律	Pi-hahirot	比哈罗特
plenaria			弼陵那里掠		plenary	全体的
Poncio Pilato		本事卑勝厨	本事卑勝厨	本事卑勝厨	Pontius Pilate	本丢彼拉多
potestades				保茶焦低氏	Powers	能天使
Potifara				麭知法	Potiphar	波提乏
principados				宾氏巴勝氏	Principalities	权天使

Profeta			先知道者/道者		Prophet	预言家
Publicano			卜厘交懦/卜厘胶懦		Publican	（古罗马的）税务官，税吏
purgatorio			匏吕交刀寮/匏吕交刀	匏吕交刀寮	purgatory	炼狱/涤罪所
querubines				佳庐民挨氏/佳庐民	Cherubim	基路伯/智天使/小天使
Ramsés				奚省	Ramesses	拉美西斯
Reina Celestial		太后			Celestial Queen	天后
Resa				黎螺沙	Resa	雷萨
Reu				黎黎宇	Reu	鲁
Reyes Magos		三位皇帝好日	三位皇帝好日		the three wise men	三王
Roboam				罗磨冒	Rehoboam	罗波安
Roma			罗玛	罗玛/罗玛国	Rome	罗马
romano			罗玛人	罗玛人	Roman	罗马人
rosario		数珠（微妙道理）	间沙寮/数珠		rosary beads	念珠
Rubén				吕明	Ruben	鲁本
sábado		沙无吕	沙无吕		Saturday	星期六
sacerdotal		沙西罗达			priestly	祭司的
sacramento		沙胶览民厨	沙胶览民厨/沙交览民厨	沙交览民厨/沙胶览民厨	sacrament	圣礼
Sacramento de Matrimonio		马直文吽		牵手嫁娶之沙交览民厨	Sacrament of Matrimony	婚姻圣事/婚礼
saduceo				奚黎西由	Sadducee	撒都该人
Sala				沙历	Salah	沙拉

Salomón			沙罗汶		Solomon	所罗门
San		山	山	山	Saint	圣（阳性短尾形式）
San Agustín	亚遇是尘		山哑余实珍/山哑愚实珍	山哑余实珍	Saint Augustine	圣奥古斯丁
San Antonio			山安敦牛/山安敦咔		Saint Antony	圣安东尼奥
San Basilio			山猫施僚		Saint Basil	圣巴西尔
San Bernardo			山默黎那落		Saint Bernard	圣伯纳
San Buenaventura			山梅勝大株勝		Saint Bonaventure	圣博纳旺图尔
San Domingo/ Santo Domingo	山哆罗明敖		山罗明敖/山厨罗明敖	山厨罗明敖	San Domingo/ Santo Domingo	圣多明各/圣多明各
San Esteban			山挨实低万		Saint Stephen	圣斯蒂芬
San Francisco			山弗难系粦果		San Francisco	圣方济各
San Gabriel		山呀勝迷	山呀勝灭	山呀勝灭	Saint Gabriel	圣加布里埃尔
San Gregorio			山倪黎傲僚/山倪黎敖僚		Saint Gregory	圣格雷戈里
San Jerónimo			山西论里冒/山西罗伦僚	山奚伦里冒	St Geronimo	圣杰罗尼莫
San José		山须习	山须习	山唆习	Saint Joseph	圣约瑟夫
San Juan		山羡	山羡	山羡	San Juan	圣胡安
San Juan Clímaco			山羡奇尼妈高/山羡奇尼玛高/山羡奇尼马高		John Climacus	圣若翰·克利马古

San Lorenzo			山罗嗹扫		San Lorenzo	圣洛伦索
San Luis			山雷氏		saint Louis	圣路易斯
San Martín			山麻勝定		San Martin	圣马丁
San Miguel Arcángel	山绵牙（侃）哑勝江奚				San Miguel Arcangel	大天使圣米格尔
San Pablo		山嗒罗	山巴罗/山答罗/山答洛	山答罗	Saint Paul	圣保罗
San Pedro		山敝罗	山敝罗/山敝啰	山敝罗	Saint Peter	圣彼得
Sansón				三顺	Samson	参孙
Santa		山礁	山礁	山礁	Saint	圣（阴性形容词）
Santa Águeda			山礁哑宜勝		Santa Águeda	圣阿格达
Santa Catalina de Siena			山礁交礁嗹那尼申那		Saint Catherine of Siena	锡耶纳的圣凯瑟琳
Santa Cecilia			山揭西娘		Saint Cecilia	圣塞西莉亚
Santa Cruz				山礁居律氏		圣十字架
Santa Cruzada				山礁居律氏	Holy crusade	圣战/圣十字军
Santa Iglesia		山（仙）礁益礼社	山礁益礼社	山礁益礼社	Holy church	圣教会
Santa María		仙礁妈厘哑/山礁妈尼亚/僚氏圣母娘娘	山礁妈厘哑/山礁妈厘耶/山礁麻厘哑/山礁麻尼哑/圣母	山礁妈尼哑	Santa Maria	圣母马利亚

Santa María Magdalera			山礁妈厘哑麻交嗺（尼）那/麻厘哑麻胶尼那		Santa Maria Magdalera	圣玛丽亚马格达莱拉
Santa Susana			山礁士山耶		Santa Susana	圣苏珊娜
Santísima Trinidad	山治氏马知哖力	山知氏玛知黎力/山知氏玛低黎力		Holy Trinity	三位一体
Santo		山厨	山厨	山厨	Holy	圣（阳性形容词）
Santo Dominico				山厨罗明敖院	Santo Domingo	圣多明我会/圣多明我会
santo óleo		山厨油			holy oil	圣油
Santo Papa				山厨巴罢	Holy pope	神圣教皇
Santos		山厨氏	山厨氏	山厨氏	Saints	圣徒
Santos				山厨氏	Saints	圣人
Sarai				沙勝	Sarai	沙莱
Saúl				沙郁	Saul	扫罗
Sedequías（Sedecías）				西黎已哑氏	Zedekiah（Zedekiah）	西底家（Zedekiah）
Sem				甚	Shem	闪姆
semana			礼拜		week	星期
Semei				押哩	Semei	色美
Señor Nuestro		（俺）本头	（俺/咱）本头/本主	（俺/咱）本头	Our Lord	我们的主
serafines				西勝品挨氏	Seraphim	六翼天使/炽天使
serafines				西勝品挨氏	seraphim	塞拉芬（撒拉弗）/炽（爱）天使/六翼天使

Salmo			沙迷	Psalm	赞美诗
Serug			沙骆	Serug	塞鲁格
Set			夕	Seth	塞特
siete pecados	七条犯罪根源	七条犯罪根源		Seven sins	七宗罪
Silencio		施能鞘/勿妄言		Silence	静默
Simeón	时冥王	时冥容/时冥王	心冥容/时冥容	Simeon	西缅
Simón Cireneo	心文时黎娘	心文时黎娘		Simon Cyrene	西蒙·赛勒尼
Sinaí			申那依	Sinai	西奈
Sinar			心拿	Sinar	示拿
Siquem			时锦	Shechem	示剑
Siria			施里耶	Syria	叙利亚
Sodoma			唆罗马	Sodom	所多玛
Solemnidad de San Pedro y San Pablo	山敝罗、山嗒罗好日	山敝罗、山巴罗好日		Feast of Saints Peter and Paul/Solemnity of Saint Peter and Saint Paul	圣彼得和圣保罗日
Solomé Alejandra			哑黎双勝	Solomé Alejandra	索洛梅·亚历杭德拉
Solomón		沙罗汶	沙罗汶	Solomon	所罗门
Taré			礁礼	Terah	他拉
Templanza		丁巴阑舍/饮食得中		Temperance	节制
Tobías		陀美哑氏/陀美耶氏		Tobias	托比亚斯
Tolad			倒勝	Tolad	托拉德
Tomás			多麻氏/哆妈氏	Thomas	托马斯

tronos				陀罗懦士	Thrones	座天使
Tubal				诛识	Tubal	图巴尔
Tubal-caín				诛识偕因	Tubal-cain	土巴该隐
turcos			除吕渠氏		turks	土耳其人
Úrsula				预须勝	Ursula	乌苏拉
Uzías				阿施哑氏	Uzziah	乌西雅
Valentiniano III				猫陵知尼哑懦	Valentinian III	瓦伦丁尼安三世
Valeriano				猫黎嚏懦	Valerian	瓦勒良
viérnes		绵挨氏	绵挨氏		Friday	星期五
vigilia		微希里哑	微希里哑		vigil	守夜
virago				微勝傲	virago	泼妇
Virgen		微里矧/美里矧	微里矧/美理矧	微里矧/美里矧	Virgin	处女
vírgenes			微里矧挨氏		virgins	处女
virtud			阴德		virtue	美德
Virtudes（ángel）				微尼詠奚黎氏	Virtues（angel）	力天使
Zabulón				沙尢浪	Zebulun	泽布伦
Zila/Sila				沙勝	Zila	西拉
Zorobabel				唆罗猫蜜	Zerubbabel	所罗巴伯

附录二：明末多明我会士引用的中文经典

一、《辩正教真传实录》引用中文经典一览表

	《实录》原文	页	相关文献	备 注
(一) 四书				
1	格物而知至，学问之功，不可已也。	51b	《大学》：物格而后知至，知至而后意诚，意诚而后心正，心正而后身修，身修而后家齐，家齐而后国治，国治而后天下平。	
2	大明先圣学者有曰："率性之谓道，修道之谓教。"	1a	《中庸》：天命之谓性，率性之谓道，修道之谓教。	
3	形同伦，书同文。	10b	《中庸》：今天下车同轨，书同文，行同伦。	《格物》140b[1]
4	古传有云："苟不至德，至道不凝焉。"	12a	《中庸》：大哉！圣人之道洋洋乎！发育万物，峻极于天。优优大哉！礼仪三百，威仪三千。待其人然后行。故曰：苟不至德，至道不凝焉。	
5	白道教之不明不行于世也，我知之矣，非贤智者之过，即愚不肖者之不及。	13a	《中庸》：了曰："道之不行也，我知之矣，知者过之，愚者不及也；道之不明也，我知之矣，贤者过之，不肖者不及也……"	

---

1 备注中出现的书名和页码指在该书该页亦引用同句。

6	行远必自迩者，千里之行，始于足下（……）登高必自卑者，方寸之木，岂高于岑楼。	25a	《中庸》：君子之道，辟如行远必自迩，辟如登高必自卑。 李耳《道德经·德经》：合抱之木，生于毫末；九层之台，起于累土；千里之行，始于足下。 《孟子·告子下》：不揣其本而齐其末，方寸之木可使高于岑楼。	《格物》54b
7	逝者如斯，不舍昼夜。	16b	《论语·子罕第九》：子在川上曰："逝者如斯夫，不舍昼夜！"	
8	又如臧文仲有藏惜龟之祀，王孙贾有奥灶之媚。	18a	《论语·公冶长第五》：子曰："臧文仲居蔡，山节藻棁，何如其知也？" 《论语·八佾第三》：王孙贾问曰："与其媚于奥，宁媚于灶，何谓也？"子曰："不然！获罪于天，无所祷也。"	
9	盖人有此生，即具有生生之理，其良知也，其良能也。知觉运动，举日月常行之间，爱亲敬长之理，不虑而知，不学而能。	8b	《孟子·尽心上》：孟子曰："人之所不学而能者，其良能也；所不虑而知者，其良知也……" 王阳明《万松书院记（乙酉）》：是固所谓不虑而知，其良知也；不学而能，其良能也。孩提之意，无不知爱其亲者也。	
10	亦犹理家政者，必家长刑于寡妻，友于兄弟，宜其家人，乃能齐于而家耳。使其不然，安能家齐国治，而天下平乎哉。	17a	《孟子·梁惠王上》：刑于寡妻，至于兄弟，以御于家邦。 曾子《大学》：古之欲明明德于天下者，先治其国；欲治其国者，先齐其家；欲齐其家者，先修其身；欲修其身者，先正其心；欲正其心者，先诚其意；欲诚其意者，先致其知，致知在格物。物格而后知至，知至而后意诚，意诚而后心正，心正而后身修，身修而后家齐，家齐而后国治，国治而后天下平。	
11	自有此人，有此物，则有此食用之品，朝饔夕飧，不失其同嗜之性焉。即如古之所云，养生丧死无憾者是也。	42a	《孟子·梁惠王上》：养生丧死无憾，王道之始也。	

12	"太誓"有云：天视自我民视, 天听自我民听, 天之视听, 皆从丁民之视听。	21b	《孟子·万章上》：《太誓》曰："天视自我民视, 天听自我民听。"此之谓也。 原典出《尚书·周书·泰誓中第二》。	
13	既生之后, 学问养其性, 明义理之正, 修天主之善。生则神魂之固其体性者, 可以俯不怍于人间矣, 死则神魂之升尔天堂者, 可以仰不愧于天主矣。	47b	《孟子·尽心上》孟子曰："君子有三乐, 而王天下不与存焉。父母俱存, 兄弟无故, 一乐也；仰不愧于天, 俯不怍于人, 二乐也；得天下英才而教育之, 三乐也。君子有三乐, 而王天下不与存焉。"	
（二）其他儒家经典				
14	普天之下, 率土之滨, 有江海浔之。	29a	《诗经·小雅·谷风之什·北山》：普天之下, 莫非王土；率土之滨, 莫非王臣。	《格物》1b
15	或问曰：古云自东白西, 自南自北, 四通八达, 普天之下莫非其土矣。果率土之滨, 莫非其民乎？	32a		
16	是故有物则有则, 民之秉彝也, 好是懿德。	41a-b	《诗经·大雅·荡之什·烝民》："天生烝民, 有物有则。民之秉彝, 好是懿德。"	《格物》140a
17	况天地性, 人为贵, 知所报本, 而致敬致祭, 精白一心, 以呈天主无极之尊。	19b	《孝经·圣治章第九》：天地之性, 人为贵。人之行, 莫大于孝。	《格物》64b
18	僧答曰：古所云天地性, 人为贵[2], 物为贱, 固矣。	61a		
19	《易》道有曰：神也者, 妙天地万物而为言者也。	17a	《周易·说卦》：神也者, 妙万物而为言者也。	
20	自太极化生之日, 而两仪奠位。	29a	《易传》：是故《易》有太极, 是生两仪。两仪生四象。四象生八卦。八卦定吉凶, 吉凶生大业。	
21	自太极生两仪, 两仪生四象, 四象生而广类繁矣。	33b		

---

2 《孝经·圣治章第九》："天地之性, 人为贵。"见《论衡》第六卷"龙虚篇"第二十二、第二十四卷"辨祟篇"第七十二、《太平经》第九十二卷"己部之七"。

| 22 | 使无所主宰，则古人何云有天主而后有天地，有天地而后有万物，有万物而后有男女也哉？ | 32a | 《周易》：有天地然后有万物，有万物然后有男女，有男女然后有夫妇，有夫妇然后有父子，有父子然后有君臣，有君臣然后有上下，有上下然后礼义有所错。 | |

（三）诸子百家

23	吾以化生天地、化至万物，为太极之理，主宰而纲维是耶。居无事而推行是耶，妙机缄而不可已，妙旋转而不能止。是故天其运乎，地其处乎，万物各得其所乎！	25a	《庄子·外篇·天运第十四》：天其运乎？地其处乎？日月其争于所乎？孰主张是？孰维纲是？孰居无事而推行是？	
24	推此则无极之天主，化成下地形载之物。有生者，有生生者，有色者，有色色者，能生之，能死之，能无之，循环不已，继赎不绝，随物类之所宜，何有停机耶？	27b-28a	《列子·天瑞第一》：故有生者，有生生者；有形者，有形形者；有声者，有声声者；有色者，有色色者；有味者，有味味者。	
25	明于天道、通于圣道者曰：天地无全功也，圣道有全能也！	28b	《列子·天瑞第一》：天地无全功，圣人无全能，万物无全用。	

（四）新儒家

26	大贤明道之人知一位无极化生之功。动而生阳，而天始分，则理乘是气之动，而具于天之中；静而生阴，而地始分，则理乘是气之静而具于地之中。	12b	《太极图说》：无极而太极。太极动而生阳，动极而静，静而生阴，静极复动。一动一静，互为其根。分阴分阳，两仪立焉。阳变阴合，而生水火木金土。五气顺布，四时行焉。五行一阴阳也，阴阳一太极也，太极本无极也。	
27	太极也者，动静无端，阴阳无始。	40a	《朱子语类·卷一·理气上》：问："太极解何以先动而后静，先用而后体，先感而后寂？"曰："在阴阳言，则用在阳而体在阴，然动静无端，阴阳无始，不可分先后。"	
28	动静无端，阴阳无始，吾以为必深造之以道者，能自得之也，非可以言语穷之也。	23a-b		

（五）同时代作品

| 29 | 《明心宝鉴》天理篇有曰："天虽高矣，而听则卑非高也；天虽远矣，而视则迫非远也。" | 21b | 《明心宝鉴》：康节邵先生曰："天听寂无音，苍苍何处寻？非高亦非远，都只在人心。" | |

| 30 | 况其中之最知觉运动者，则知反哺之义矣，则知跪乳之恩矣，则知君臣夫妇父子之情矣。因而动物不可以为弃物而置诸无用之地。 | 44 a-b | 《增广贤文》：鸦有反哺之义，羊有跪乳之恩，马无欺母之心。 | 《格物》10b |
| 31 | 其所谓太初者，理之始也。太虚者，气之始也。 | | 《三命通会》卷一"原造化之始"：蒙泉子曰：太初者理之始也，太虚者气之始也，太素者象之始也，太乙者数之始也，太极者兼理气象数之始也。 | |

（六）诗文

32	如此，则天真非高远也，都营在人心方寸中矣。	21 bf	邵雍《天听吟》："天听寂无音，苍苍何处寻。非高亦非远，都只在人心。"	
33	盈虚者如斯，而卒莫消长也。	27b	苏轼《前赤壁赋》：逝者如斯，而未尝往也；盈虚者如彼，而卒莫消长也。	
34	逝者如斯夫，而卒莫消长也哉。	40 a-b		
35	驾一叶之扁舟，游江海之水上。	30a	苏轼《前赤壁赋》：驾一叶之扁舟，举匏樽以相属，寄蜉蝣于天地，渺沧海之一粟。	
36	取之无禁，用之不竭，是造物者之无尽藏也，而为人与物之所共适。	42a	苏轼《前赤壁赋》：惟江上之清风，与山间之明月，耳得之而为声，目遇之而成色，取之无禁，用之不竭，是造物者之无尽藏也，而吾与子之所共适。	
37	僧故曰：天主造物之无尽藏也，明善恶，昭劝惩，其至德所及，何所不及哉？	46b		
38	至鱼鳖之化生几多，而捕鱼之人，每每临渊而求鱼，举巨口细鳞，一网打尽矣。	55a	苏轼《后赤壁赋》：今者薄暮，举网得鱼，巨口细鳞，状如松江之鲈。	《格物》50b

（七）史书

| 39 | 泰山不让土壤，故能成其大，河海不择细流，故能就其深，圣人不却众庶，故能成其德。 | 30a | 《史记·李斯列传》中秦国丞相李斯的《谏逐客书》：泰山不让土壤，故能成其大。河海不择细流，故能就其深。王者不却众庶，故能明其德。 | |

40	贤者千贤，必有一失；愚者千愚，必有一得。	2b	《史记·淮阴侯列传》：广武君曰："臣闻智者千虑，必有一失；愚者千虑，必有一得。故曰'狂夫之言，圣人择焉'。" 《增广贤文》：广武君曰："臣闻智者千虑，必有一失；愚者千虑，必有一得。故曰'狂夫之言，圣人择焉'。"	
41	即古所谓"平易近民，民必归之"者是已！	4a	《史记·鲁周公世家》：及后闻伯禽报政迟，乃叹曰："呜呼，鲁后世其北面事齐矣！夫政不简不易，民不有近；平易近民，民必归之。"	
42	使上天而无始无终也，何上古通鉴所云"太极生两仪"，果何说耶? 又云："天开于子。"	21a	《通鉴纲目前编·卷首》：三皇纪所谓天开于子，地辟于丑，人生于寅。 《陈氏通鉴续编·卷一》"盘古氏"：太极生两仪，两仪生四象，四象变化而庶类繁矣。	

二、《僚氏正教便览》引用中文经典一览表

	《僚氏》原文	页	相关文献
（一）四书			
1	有规矩乃能成方圆。	上卷 1b	《孟子·离娄上》：不以规矩，不能成方圆
2	正所谓"道也者，不可须臾离也"。	上卷 2b	《中庸》：道也者，不可须臾离也；可离，非道也。是故君子戒慎乎其所不睹，恐惧乎其所不闻。
3	正所谓："人有鸡犬放，则知求之；有放心，而不知求。"	上卷 22a	《孟子·告子上》：人有鸡犬放，则知求之；有放心，而不知求。
4	人之奉事僚氏，亦犹是也，有者壮力勇于为善，有者倦怠不得致至。若知爱惜僚氏，顺僚氏法度，亦得至于天上，即"射不主皮，力不同科"之谓也！	上卷 65a	《论语·八佾第三》：子曰："射不主皮，为力不同科，古之道也。"
5	亦当时时勉励，日新又日新求进，好为善事……	上卷 96b	《大学》：苟日新，日日新，又日新。

6	故曰：敬其主，以及其使也。	上卷124	《四书章句集注·论语集注·卷七》：《论语》原文：孔子与之坐而问焉，曰："夫子何为？"对曰："夫子欲寡其过而未能也。"使者出。子曰："使乎！使乎！" 朱熹注解：与之坐，敬其主以及其使也。……
7	正所谓：时而后言，人不厌其言。	上卷128b	《论语·宪问第十四》：公明贾对曰："以告者过也。夫子时然后言，人不厌其言；乐然后笑，人不厌其笑；义然后取，人不厌其取。" 《明心宝鉴·正己篇》：《论语》曰："夫子时然后言，人不厌其言；乐然后笑，人不厌其笑；义然后取，人不厌其取。" 《明心宝鉴·妇行篇》：《益智书》云："女有四德之誉。一曰妇德，二曰妇容，三曰妇言，四曰妇工也。妇德者，不必才明绝异；妇容者，不必颜色美丽；妇言者，不必辨口利词；妇工者，不必伎巧过人也。其妇德者，清贞廉节，守分整齐，行止有耻，动静有法，此为妇德也。妇言者，择辞而说，不说非语，时然后言，人不厌其言，此为妇言也。妇容者，洗浣尘垢，衣服鲜洁，沐浴及时，一身无秽，此为妇容也。妇工者，专勤纺织，勿好晕酒，供其甘旨，以奉宾客，此为妇工也。此四德者，妇人之大德也。为之甚易，务在于正。依此而行，是为妇节也。"
8	山厨氏曰：心不在焉，听而弗闻。	下卷13b	《大学》：心不在焉，视而不见，听而不闻，食而不知其味。
9	工欲善其事，必先利其器。	下卷81b	《论语·卫灵公第十五》：子贡问为仁。子曰："工欲善其事，必先利其器。"
10	此正所谓"习于善则善"者也。	下卷98a	《四书章句集注·论语集注·卷九》：《论语》原文：子曰："性相近也，习相远也。" 朱熹注解：此所谓性，兼气质而言者也。气质之性，固有美恶之不同矣。然以其初而言，则皆不甚相远也。但习于善则善，习于恶则恶，于是始相远耳。

（二）童蒙类书

11	世无百岁人，枉作千年计。	上卷 14a	《明心宝鉴·存心篇》：世无百岁人，枉作千年计。
12	后来尤要每关心莫致复得罪他，勿使鬼人心中搅扰汝神魂，损失汝神魂之宝，尤要口不道非礼之言，耳不听非礼之声，目不视非礼之色，手不取非礼之物，足不践非礼之地。	上卷 95b	《明心宝鉴·继善篇》：吉也者，目不观非礼之色，耳不听非礼之声，口不道非礼之言，足不践非礼之地。人非善不交，物非义不取。亲贤如就芝兰，避恶如畏蛇蝎。
13	……因为汝教我耳不听淫声，目不视邪色，口不道非礼之言，手不取非义之物，足不践非礼之地，心莫妄思，意莫妄动……	下卷 87a	
14	人当与善人为朋友。为其善人每为善事，目不视非礼之色，耳不听非礼之声，口不道非礼之言，手不取非礼之物，足不践非礼之地，人非善不交，物非义不受，亲贤如就芝兰，避恶如畏蛇蝎。	下卷 98a	
15	俗云：近朱者赤，近墨者黑，此之谓也。	上卷 102b-4	《明心宝鉴·交友篇》：太公曰："近朱者赤，近墨者黑。近贤者明，近才者智。近痴者愚，近良者德。近智者贤，近愚者暗。近佞者谄，近偷者贼。" 《增广贤文》：近朱者赤，近墨者黑。
16	书云：勿以恶（小）[3]而为之，勿以善小而不为。	上卷 106a-1	《明心宝鉴·继善篇》：汉昭烈将终，敕后主曰："勿以恶小而为之，勿以善小而不为。"
17	又曰：涓涓不壅，终成江河；毫末不拆，终寻斧柯。	上卷 106a	《明心宝鉴·存心篇》：孔子观周，入后稷周族始祖之庙，三缄其口，而铭其背曰："古之慎言人也。戒之哉！无多言，多言多败。无多事，多事多患。安乐必戒，无所行悔。勿谓何伤，其祸将长。勿谓何害，其祸不灭，炎炎若何。涓涓不壅，终为江河。绵绵不绝，或成网罗。毫末不折，将寻斧柯。诚能慎之，福之根也。勿谓何伤，祸之门也。故强梁者不得其死，好胜者必遇其敌。君子知天下之不可上也故。"

3　原书漏一"小"字。

			原典出周朝姜尚《孔子家语·文韬——文师》。
18	语云：守口如瓶，防意如城。	上卷 109b	《增广贤文》：守口如瓶，防意如城。 《明心宝鉴·存心篇》：朱文公即朱熹，曰：守口如瓶，防意如城。
19	又曰：一言既出，驷马难追。	上卷 109b	《增广贤文》：一言既出，驷马难追。 《明心宝鉴·存信篇》：君子一言，快马一鞭。一言既出，驷马难追。子路无宿诺。
20	故曰：凡戏无益，唯勤有功。	上卷 114b	《明心宝鉴·正己篇》：凡戏无益，唯勤有功。
21	语云：无益之言莫妄说，不干己事莫妄为。	上卷 128a	《明心宝鉴·正己篇》：紫虚元君戒谕心文："福生于清俭，德生于卑退。道生于安乐，命生于和畅。患生于多欲，祸生于多贪。过生于轻慢，罪生于不仁。戒眼莫视他非，戒口莫谈他短，戒心莫恣贪嗔，戒身莫随恶伴。无益之言莫妄说，不干己事莫妄为。默默默，无限神仙从此得；饶饶饶，千灾万祸一齐消。忍忍忍，债主冤家从此尽；休休休，盖世功名不自由。尊君王，孝父母，敬尊长，奉有德，别贤愚，恕无识。物顺来而勿拒，物既放而勿追。身未遇而勿望，事已过而勿思。聪明多暗昧，算计失便宜。损人终自失，倚势祸相随。戒之在心，守之在志。为不节而亡家，因不廉而而失位。劝君自警，于平生可惧可惊而可畏。上临之以天神，下察之以地祇。明有王法相继，暗有鬼神相随。惟正可守，心不可欺。戒之！戒之！"
22	则从善如登，从恶如崩矣。	下卷 3b	《明心宝鉴·继善篇》：《晋国语》云："从善如登，从恶如崩。" 又见《国语·卷三·周语下》 《三国志·卷五十三·吴书八》 《资治通鉴·卷七十一》
23	是故俺本头西士奇厘实道鉴中，每教人时常念经不可间断，且书有曰："一日不念善，诸恶自皆起。"	下卷 82a	《明心宝鉴·继善篇》：庄子曰："一日不念善，诸恶自皆起。"
24	古云"富不可恃，贫不可欺。"	下卷 92a	《明心宝鉴·省心篇》：太公曰："贫不可欺，富不可势。阴阳相推，周而复始。"

25	如书云："与善人居，如入芝兰之室，久而不闻其香，即与之化矣。与不善人居，如入鲍鱼之肆，久而不闻其臭，亦与之化矣。"	下卷 98a	《明心宝鉴·交友篇》：子曰："与善人居，如入芝兰之室，久而不闻其香，即与之化矣。与不善人居，如入鲍鱼之肆，久而不闻其臭，亦与之化矣。丹之所藏者赤，漆之所藏者黑，是以君子必慎其所与处者焉。" 此句更早出自［西汉］刘向《说苑》、［汉］佚名《孔子家语》，《太平御览·卷四百六》中［宋］李昉似乎误将其说成出自《大戴礼记》。明末程登吉的《幼学琼林·卷二》"朋友宾主"篇也收录此句。
26	书云："养子不教父之过。"	下卷 99a	《明心宝鉴·训子篇》司马温公曰："养子不教父之过，训导不严师之惰。
27	俗云："桑条从小抑，长大抑不屈。"	下卷 99b	《明心宝鉴·训子篇》：桑条从小抑，长大抑不屈。
28	书云：闻人过失，如闻父母之名，耳可得闻，口不可得言也。	下卷 101a	《明心宝鉴·正己篇》：马援曰："闻人过失，如闻父母之名，耳可得闻，口不可得言也。" 又见于： 《艺文类聚·卷二十三》"人部七" 《太平御览·卷四百五十八/卷五百一十二》 《资治通鉴·卷四十四》 《后汉书·卷二十四》"马援列传第十四"
29	俗云："来说是非者，便是非人。"	下卷 101b	《增广贤文》：来说是非者，便是是非人。
30	又曰："是非终日有，不听自然无。"	下卷 101b	《增广贤文》：是非终日有，不听自然无。 《明心宝鉴·省心篇》：人贫志短，福至心灵。不经一事，不长一智。长一智。是非终日有，不听自然无。来说是非者，便是是非人。
31	书曰："钱财过壁堆，死来用不得。儿孙虽满堂，死来替不得。"	下卷 105a	《明心宝鉴·省心篇》：道清和尚警世："善事虽好做，无心近不得。你若做好事，别人分不得。经典积如山，无缘看不得。忤逆不孝顺，天地容不得。王法镇乾坤，犯了饶不得。良田千万顷，死来用不得。灵前好供养，起来吃不得。钱财过壁堆，临行将不得。命运不相助，却也强不得。儿孙虽满堂，死来替不得。"

（三）诗文			
32	书曰：放旷非端士。	112a	范质《诫儿侄八百字》：戒尔勿旷放，旷放非端上。

三、《格物穷理便览》引用中文经典一览表

	《格物》原文	页	相关文献	备　注
（一）"四书"				
1	故予所书大力无穷之正理，谓之指汝头路者，行远必自迩也。亦谓之初登一层梯者，登高必自卑也。	54b	《中庸》：君子之道，辟如行远必自迩，辟如登高必自卑。	《实录》25a
2	在乎聪明睿智之士，知认人神魂之本等，不但曰"人只能认此世上得眼见尤粗之物而已"，且曰"亦能认彼无形无影尤精之物"，此事汝唐人不自谓为不知，尚常言曰：人莫不知道，此道视之而弗见，听之而弗闻，亦何尝有形声之可验？	105a-b	《中庸》：鬼神之为德，其盛矣乎？视之而弗见，听之而弗闻，体物而不可遗，使天下之人齐明盛服，以承祭祀。洋洋乎如在其上，如在其左右。《诗》曰：'神之格思，不可度思！矧可射思！'夫微之显，诚之不可掩如此夫。	
3	予观汝中华之书，亦曰："天下车同轨，书同文，行同伦。"	140b	《中庸》：今天下车同轨，书同文，行同伦。	《实录》10b
4	及今予之将书之道，则在此初层梯，而升登次序渐进，汝等若用心详究彼既书之道，后则易晓此将书之理。正所谓温故而知新也。	54b	《论语·为政第二》子曰："温故而知新，可以为师矣。"《中庸》：温故而知新，敦厚以崇礼。	
5	故君子务本，本立而道生。	142b	《论语·学而》：君子务本，本立而道生。孝弟也者，其为仁之本与！	
6	其爱人如爱己，孰不谓之为至理？古有曰："将心比心，比我似人。己所不欲，勿施于人。"此我净水之正律法。	258b	《论语·颜渊第十二》：仲弓问仁。子曰："出门如见大宾，使民如承大祭。己所不欲，勿施于人。在邦无怨，在家无怨。"	

			《论语·卫灵公第十五》：子贡问曰："有一言而可以终身行之者乎？"子曰："其恕乎！己所不欲，勿施于人。" 范立本《明心宝鉴·存心篇》：将心比心，便是佛心。以己之心，度人之心。 《增广贤文》：知己知彼，将心比心。	
7	故曰：四海之内皆兄弟也。	96b	《论语·颜渊》：君子敬而无失，与人恭而有礼。四海之内皆兄弟也，君子何患乎无兄弟也？	
8	故孟子亦有曰："天地之高也，星辰之远也，苟求其故，千岁之日至，可坐而致也。"	53a	《孟子·离娄下》：天之高也，星辰之远也，苟求其故，千岁之日至，可坐而致也。	
9	故曰："尽信书，则不如无书。"	142a	《孟子·尽心下》：孟子曰："尽信《书》，则不如无《书》。"	
10	俾汝之定见一正，而可以胜百邪。为其彼古之神明，亦均人类。他人所为，岂能尽善乎？但无始作之谬。而后人悉从其俗。如孔子曰："始作俑者，其无后乎？"	306a	《孟子·梁惠王上》：仲尼曰："始作俑者，其无后乎！"	
（二）其他儒家经典				
11	可知普天之下，率土之滨，止有一位真正本主，使汝等见识高明。	1b	《诗经·小雅·谷风之什·北山》：溥天之下，莫非王土；率土之滨，莫非王臣。	《实录》29a, 32a
12	《尚》曰："天主生蒸民以来，有物必有则。民之秉彝，好是懿德。"	140a	《诗经·大雅·荡之什·烝民》天生烝民，有物有则。民之秉彝，好是懿德。	《实录》41a-b
13	故古有言曰："天地性，人为贵。"	64b	《孝经·圣治章第九》：天地之性，人为贵。人之行，莫大于孝。	《实录》19b, 61a
（三）诸子百家				
14	予之限见浅近，焉能尽称此广远无限之德。虽加一二之赞言，何有少补？犹太仓而增稊米。	60b	《庄子·秋水第十七》：计中国之在海内，不似稊米之在大仓乎？	

	（四）童蒙类书			
15	羊则有跪乳之恩，鸦有反哺之义。	10b	《增广贤文》：鸦有反哺之义，羊有跪乳之恩，马无欺母之心。	《实录》44a-b
16	世人知面不知心，他知人知面也知心。	84a	《增广贤文》：画龙画虎难画骨，知人知面不知心。 《明心宝鉴·省心篇》：画虎画皮难画骨，知人知面不知心。	
	（五）诗文			
17	鱼之在水，巨口细鳞，不可胜数。	50b	苏轼《后赤壁赋》：今者薄暮，举网得鱼，巨口细鳞，状如松江之鲈。	《实录》55a

附录三：菲律宾中文刻本内容及索引

一、《辩正教真传实录》各章内容索引

第一章：辩正教真传

第一章相当于全书引言，涉及内容和观点如下：

1. 天主教为符合理性的中正之教，与新儒家所提倡的理学是一致的，非旁门左道（1a-2b, 10a-11a）；

2. 一二中国贤士与高母羡探讨、辩论教义，从而形成此书（3a-3b）；

3. 著书对于传扬正道颇为重要（4a, 10a-10b）；

4. 作者学习中国文化多年，着意辨别儒家思想与天主教（4b-5a）；

5. 本书要辩论的是万物本原的形而上之学（6a-6b）；

6. 人因具有灵智性而存在于万物之上，更因此而应当去探究形而上之理（6b-8a）；

7. 探究形而上之理应"下学而上达""由末而逐本"（8b-9b）；

8. 本书效法先贤著作，先论天主之理，后分述天文、地理、动植物和人类，最后再总述其理，旨在教导华人认识、信奉天主（11a-12a）。

第二章：论真有一位无极为万物之始也

问题 1：如何由形而下之物认识形而上之物。在此问题下，中国学者辩论道：根据周敦颐的《太极图说》，阴阳、动静之理乃是天地、山水和日月化生之本原。他疑惑这和高氏所说的"太极之理"是否一致？（12b-13a）

答：中国人敬天（高母羡认为中国人所尊奉的是天体之天），而他所要阐述的是"无极""太极"的天主之理。（13a）

辩论 1：天地万物的生成和存在不是偶然的，其运动也不是自发的，而是有一位最高的主宰者。人类作为灵智者能够从可感的世界认识天主。（15a-16a）

辩论 2：万物不能自成。天主创造万物，为万物之始。（16a-16b）

辩论 3：天体、组成宇宙的基本元素（地、水、气、火）和动植物等均处在和谐的运动与变化中，自然的秩序同人伦礼法一样，必然有其主宰者。（16b-17b）

问题 2：至尊无极究竟为何？何故为至尊？大明学者感言应当"知所祭而祭"，达于礼，始得臻于福。（17b-18a）

答：天主化生天地，统御万物，非有形之天。不可祭祀佛老之神。

辩问：那可以祭祀天地吗？

答：不可，也不必祭祀，因偶像实为衣冠加于土木者。

辩问：那么何为无极/太极之理呢？

辩论 4：无极为化生万物、造作天地者。天只是太极的居所。天主乃是天地之本。因而应当远离邪说、认识天主、知所报本。（19a-19b）

辩论 5：有形之物易于认识，为卑下；无形之物难以认识，为尊上。形气之天乃是形而下者。有形的万物均有盛衰始终，不可能永恒存在。其大小亦有限度，因而不为至大。而太极之理无形、无极、无始、无终，常存不灭，因而无物可比、深不可测。所谓天主，即为高于万物，而又常存于万物之中的永恒存在。（20a-21a）

辩论 6：本章最后，高母羡提出欧洲人与中国人均已认识到这位无极的存在，只是语言上叫法不同。他列举了西班牙语的 Dios（译为"寮氏"），拉丁语的 Deus（"礼乎氏"），希腊语的 Yehovah（"遥目"），继而提出汉语中所谓的"无极而太极"实指形体、理气、象数的本原，本质上正是天主之谓。因而天主教不该被华人斥为夷狄邪说。（22a-23a）

第三章：谓无极之事情章之三

问题 1：何为太极？

答：太极为无形的存在，广大无穷。人凭借其有限的认知力［感官、言语、象数（此或指理性和科学）］难以完全认识天主，只能大致认识天主为万物的创造者和主宰者，他无穷、无形、全知、全能、至善、纯粹。天地万物的生成不是自发的，而是天主无极造成的。通过研究显见的万物，可以上达无极之教、天主之理。（23a-26b）

问题2：万物品类繁多、性质各一，如何理解有常与无常存在的不同？

答：地上的植物、动物和人类属于易亡者；天体、风雨露雷属于不亡者。形上之道为自立体，不依赖形下之物而能够恒久存在。形下之器的运动和变化受制于形上之理，没有其帮助即容易消灭。地上万物生生不息，天上日月星辰、风雨露雷亘古不变，必有一位太极/无极的主宰。（27a-28b）

第四章：论地理之事情

问题1：如何从地理的高低、广狭、方圆探究形上之理呢？

答：1. 天地分离，天上浮，地下沉。地势低而形成江海、川流，人与物类得以安居生长，又有重峦叠嶂。

2. 地之广可容纳万邦。

3. 作者提出五条论据证明地圆非方：（1）天圆地自圆；（2）船在大海上行驶只能从远处看到山峰，两船在海上相遇，起初只能看见船桅；（3）反证法假设地为立方体，处于不同平面观看山火的效果不同；（4）反证法假设地为方形平面，处于地表中心和四角，目光所及的天空度数不同；（5）月反射太阳光，月色被地球挡住的阴影轮廓是圆弧形的，因而地圆。（28b-31b）

问题2：万物是否皆由天主主宰呢？

答：1. 天主化成天地、草木、禽兽、矿藏，并主宰统御之。人类为灵智性的受造物。天主造物，包括地理事物，皆为人类之用。

2. 天有寒暑，地分冷、热、燥、湿，人之气因之而不同。

3. 地球被分为南北寒带、温带、热带六个区域。多数人居住在气候适宜的温带。（32a-33b）

问题3：您说的"没有人类则万物无用"是什么意思呢？

答：1. 天主为了人类而创造万物，因为只有人类具有超出物质的部分，即理智和德行，能够认识物质的本源，即天主。因此说如果没有人，万物的存在即没有其意义或用处。

2. 天主创造地上万物以相人类之生存，这是他对人类特别的恩典。因而作为人类应当敬奉、报答天主。（33b-34b）

第五章：论世界万物之事实

问题1：何以见得上帝（"无极"）圆满之德不息呢？

答：1. 天上有日月、星辰、雷电、风雨、霜露，地上有草木、禽兽、山水和人类，整个宇宙的万事万物均包含在造物主之中，无有不足。

2. 地土重浊下沉，气火轻清上浮，星宿、动植各得其所。道行不悖有赖于天主的主宰。（35a-36b）

问题2：既然事物越轻越在上，越重越在下，然而水轻于地，为何地中会有水沉积呢？

答：1. 天主在创世时将地和水分开，使人与鱼皆有所安身。地干水湿，二者混合方使生成草木。

2. 地底孔穴无土则有水，无水则有气，天主之德充满于宇内。（36b-39a）

问题3：大明学者引用《孟子·离娄下》之句"源泉混混，不舍昼夜。盈科而后进，放乎四海。有本者如是"，询问高母羡如何理解此句中的"本"。

答："本"就是气。水性就下汇成川泽河海。气将水运至高山处，遇到地则化成水。地中生水，地于水是"体"；气带动水的运动转化，气于水是"用"。

辩问：但有些地方挖地极深也见不到水是为什么呢？是不是地和水皆有不同呢？

答：这是因为地有虚有实，气因此在地中有盈有虚。地、水与气的生成、运动和变化全赖天主化育主宰。（39a-40b）

第六章：论下地草木等之物类

问题1：地、水、气何以存而不离，别而不杂？

答：地、水、草木、禽兽、人各从其类，性质有别，用处亦不同。地水为草木生长提供条件，草木对禽兽有用，而地上的各种事物皆养人。因而人贵物贱。这是天主有意赋予人的。（40b-41b）

问题2：请您详细讲讲草木吧。

答：1. 草木是上帝创造的无尽宝藏。它能使山林秀美，也能做食物、建筑材料，还可以药用。这是天主对人的恩典。

2. 举例说明草木的形态均为适应其自身生存而设计。无处不在的上帝在看顾着一切草木物类，无有弃物。（41b-44a）

第七章：论下地禽兽之事情

问题1：虽说动物不及人之灵智，却亦有人所不及之长处，如鸟会飞。许多动物具备五种感官，甚至还有一些动物似乎更懂得孝亲、忠君、夫妇之情等伦理和情义。既然说动物不如人，天主为何要赋予动物如此的禀赋呢？

答：举例说明禽兽存在的意义就是为人所用，它们是天主有意为养人创造的。（44a-45a）

问题2：但禽兽中亦有害兽，对人无用，这也是天主厚待于人吗？

答：1. 元始之时无有害兽。是因为人祖违反天主的戒律，禽兽才开始为害世人。这是天主对人类的惩罚和警诫。

2. 毒虫猛兽亦有可做药用的，无有弃物。（45a-46b）

问题3：禽兽之魂是否随死而灭？

答：禽兽之魂依附于其有形之体，只具备感官知觉功能（觉魂），随死而灭。人之魂有理性、明正义、知善恶，不随死而灭。

驳异：人死后灵魂可投胎转世为动物是荒谬的。人和禽兽不仅性类不一，身形也不同，人的灵魂怎么可能合乎动物的身体呢？（46b-48a）

第八章：论世间禽兽之知所饮食

辩论：禽兽之所以能通过嗅觉辨别可食或有毒之物，是有赖于天主的指引。

问题1：人尚不知道何物有毒不能食用。难道人不如动物吗？

答：禽兽各有其天性所嗜食用之物。它没有理性，饥饿则食。其所以能辨别可食或有毒，是天主指引的。人有理智，知义理。食与不食是理性决定的，而非本能。关于食物的性质也是学而后知。因此人和动物是没有可比性的。（48a-50b）

辩问：为什么人的智慧和技艺均有限呢？许多动物天生就会做的事，人却需要学习。假如学习不用功、不到位，也无法正确认识、不能做好。人不是反而不如禽兽吗？

答：动物的巧技必有天主指引。物类只是形下之器，需要天主操持掌握。而人只要去学，任何事情均能学会。理智亦能认识到何种事不可为，意志则指引人不为之。（51a-53a）

辩问：禽兽中亦有奇异之事。这些异类怎么解释呢？

答：举例说明禽兽巧计求食的奇异之事。禽兽智巧的禀赋乃造物之天主所赋予的。（53a-54b）

问题2：虽然动物繁殖能力不同，有些能为人所用较常见，另一些害兽虽多子，却少见，这是为什么呢？

答：1. 天主是为了惩戒世人才造了害兽，他创造了更多的动植物来恩养善人。

2. 举例说明害兽自伤其类，这亦是天主恩及人类。

3. 举例说明不同的动物合作捕食，小动物依附于大动物保身求食。呼吁"富周贫、贵怜贱"。动物间相食也是恩及人类。（54b-57b）

问题3：禽兽的生存既然均依托于天主，为什么有不同的形体和能力呢？

答：举例说明动物性类不一，其特别的体形对它们各自的生存（尤其是捕食）有不同的用处。这是天主的智慧和大德赋予的。（57b-59a）

第九章：论世间禽兽之知所用药

辩论：举例说明动物在天主指引下会医治自己的疾病。（59a-60b）

问题1：人用药尚有不可治愈者。禽兽有一味药就能自愈，亦不常患病，这是为什么呢？

答：1. 禽兽身体强壮不易生病，人身柔弱多病。

2. 禽兽饥食渴饮，食不过饱。有些人无度饮食，伤害到心智和身体。灵智的人类具有自由意志，却用自由意志违反天主的诫命，因而容易得病。（60b-62a）

二、《基督教义》索引

1　Dios，上帝。

2　Santa Iglesia，圣教会。

3　Sacramentos，圣事。

三、《僚氏正教便览》索引

---

4 gloria，荣福。

---

5 第九条题目在上卷46a页第一行，奥地利国家图书馆影印版此页第一行没有印全。
故笔者据《基督教义》之"十诫"内容补充。

6 闽南语方言词汇，指节日。

7 misa，弥撒。

8 eucaristía，圣体。

9 padre，神父。

---

10 comulgar，领圣餐。

11 Jesús，耶稣。

---

12 sacramento de comunión，圣餐仪式。

13 Jesús Cristo，耶稣基督。

14 caridad，慈悲。

15 humildad，谦卑。

16 castidad 音译，贞洁。

17 templanza，温顺有节。

18 silencio，静默。

19 gracia，恩宠。

20 atención，专注。

---

21 同上文"分民力"。

22 fe，信念。

23　Santa Cruz，圣十字架。

24　Santa María，圣母马利亚。

25　Ave María，万福玛利亚。

四、《格物穷理便览》索引

---

26 Confraile，同会兄弟。

---

27 Persona，天主位格。

28 Hostia，圣餐（饼）。

《基督教文化研究丛书》

主编：何光沪、高师宁

（1-9 编书目）

初　编

（2015 年 3 月出版）

ISBN：978-986-404-209-8　　　　　　　定价（台币）$28,000 元

册　次	作　者	书　名	学科别（／表示跨学科）
第 1 册	刘　平	灵殇：基督教与中国现代性危机	社会学／神学
第 2 册	刘　平	道在瓦器：裸露的公共广场上的呼告——书评自选集	综合
第 3 册	吕绍勋	查尔斯·泰勒与世俗化理论	历史／宗教学
第 4 册	陈　果	黑格尔"辩证法"的真正起点和秘密——青年时期黑格尔哲学思想的发展（1785 年至 1800 年）	哲学
第 5 册	冷　欣	启示与历史——潘能伯格系统神学的哲理根基	哲学／神学
第 6 册	徐　凯	信仰下的生活与认知——伊洛地区农村基督教信徒的文化社会心理研究（上）	社会学
第 7 册	徐　凯	信仰下的生活与认知——伊洛地区农村基督教信徒的文化社会心理研究（下）	
第 8 册	孙晨荟	谷中百合——傈僳族与大花苗基督教音乐文化研究（上）	基督教音乐
第 9 册	孙晨荟	谷中百合——傈僳族与大花苗基督教音乐文化研究（下）	

册次	作者	书名	学科别
第 10 册	王 媛	附魔、驱魔与皈信——乡村天主教与民间信仰关系研究	社会学
	蔡圣晗	神谕的再造，一个城市天主教群体中的个体信仰和实践	社会学
	孙晓舒 王修晓	基督徒的内群分化：分类主客体的互动	社会学
第 11 册	秦和平	20 世纪 50–90 年代川滇黔民族地区基督教调适与发展研究（上）	历史
第 12 册	秦和平	20 世纪 50–90 年代川滇黔民族地区基督教调适与发展研究（下）	
第 13 册	侯朝阳	论陀思妥耶夫斯基小说的罪与救赎思想	基督教文学
第 14 册	余 亮	《传道书》的时间观研究	圣经研究
第 15 册	汪正飞	圣约传统与美国宪政的宗教起源	历史／法学

二 编 （2016 年 3 月出版）

ISBN：978-986-404-521-1　　　　　　　定价（台币）$20,000 元

册 次	作 者	书 名	学科别（／表示跨学科）
第 1 册	方 耀	灵魂与自然——汤玛斯·阿奎那自然法思想新探	神学／法学
第 2 册	劉光順	趋向至善——汤玛斯·阿奎那的伦理思想初探	神学／伦理学
第 3 册	潘明德	索洛维约夫宗教哲学思想研究	宗教哲学
第 4 册	孙 毅	转向：走在成圣的路上——加尔文《基督教要义》解读	神学
第 5 册	柏斯丁	追随论证：有神信念的知识辩护	宗教哲学
第 6 册	李向平	宗教交往与公共秩序——中国当代耶佛交往关系的社会学研究	社会学
第 7 册	張文舉	基督教文化论略	综合
第 8 册	趙文娟	侯活士品格伦理与赵紫宸人格伦理的批判性比较	神学伦理学
第 9 册	孙晨薈	雪域圣咏——滇藏川交界地区天主教仪式与音乐研究（增订版）（上）	基督教音乐
第 10 册	孙晨薈	雪域圣咏——滇藏川交界地区天主教仪式与音乐研究（增订版）（下）	
第 11 册	張 欣	天地之间—出戏——20 世纪英国天主教小说	基督教文学

三 编 （2017 年 9 月出版）

ISBN：978-986-485-132-4　　　　　　　　定价（台币）$11,000 元

册 次	作 者	书 名	学科别（／表示跨学科）
第 1 册	赵 琦	回归本真的交往方式——托马斯·阿奎那论友谊	神学／哲学
第 2 册	周兰兰	论维护人性尊严——教宗若望保禄二世的神学人类学研究	神学人类学
第 3 册	熊径知	黑格尔神学思想研究	神学／哲学
第 4 册	邢 梅	《圣经》官话和合本句法研究	圣经研究
第 5 册	肖 超	早期基督教史学探析（西元 1~4 世纪初期）	史学史
第 6 册	段知壮	宗教自由的界定性研究	宗教学／法学

四 编 （2018 年 9 月出版）

ISBN：978-986-485-490-5　　　　　　　　定价（台币）$18,000 元

册 次	作 者	书 名	学科别（／表示跨学科）
第 1 册	陈卫真 高 山	基督、圣灵、人——加尔文神学中的思辨与修辞	神学
第 2 册	林庆华	当代西方天主教相称主义伦理学研究	神学／伦理学
第 3 册	田燕妮	同为异国传教人：近代在华新教传教士与天主教传教士关系研究（1807～1941）	历史
第 4 册	张德明	基督教与华北社会研究（1927～1937）（上）	社会学
第 5 册	张德明	基督教与华北社会研究（1927～1937）（下）	
第 6 册	孙晨荟	天音北韵——华北地区天主教音乐研究（上）	基督教音乐
第 7 册	孙晨荟	天音北韵——华北地区天主教音乐研究（下）	
第 8 册	董丽慧	西洋图像的中式转译：十六十七世纪中国基督教图像研究	基督教艺术
第 9 册	张 欣	耶稣作为明镜——20 世纪欧美耶稣小说	基督教文学

五 编 （2019 年 9 月出版）

ISBN：978-986-485-809-5　　　　　　　　定价（台币）$20,000 元

册 次	作 者	书 名	学科别（／表示跨学科）
第 1 册	王玉鹏	纽曼的启示理解（上）	神学
第 2 册	王玉鹏	纽曼的启示理解（下）	
第 3 册	原海成	历史、理性与信仰——克尔凯郭尔的绝对悖论思想研究	哲学
第 4 册	郭世聪	儒耶价值教育比较研究——以香港为语境	宗教比较
第 5 册	刘念业	近代在华新教传教士早期的圣经汉译活动研究（1807～1862）	历史
第 6 册	鲁静如 王宜强 编著	溺女、育婴与晚清教案研究资料汇编（上）	资料汇编
第 7 册	鲁静如 王宜强 编著	溺女、育婴与晚清教案研究资料汇编（下）	
第 8 册	翟风俭	中国基督宗教音乐史（1949 年前）（上）	基督教音乐
第 9 册	翟风俭	中国基督宗教音乐史（1949 年前）（下）	

六 编 （2020 年 3 月出版）

ISBN：978-986-518-085-0　　　　　　　　定价（台币）$20,000 元

册 次	作 者	书 名	学科别（／表示跨学科）
第 1 册	陈倩	《大乘起信论》与佛耶对话	哲学
第 2 册	陈丰盛	近代温州基督教史（上）	历史
第 3 册	陈丰盛	近代温州基督教史（下）	
第 4 册	赵罗英	创造共同的善：中国城市宗教团体的社会资本研究——以 B 市 J 教会为例	人类学
第 5 册	梁振华	灵验与拯救：乡村基督徒的信仰与生活（上）	人类学
第 6 册	梁振华	灵验与拯救：乡村基督徒的信仰与生活（下）	
第 7 册	唐代虎	四川基督教社会服务研究（1877～1949）	人类学
第 8 册	薛媛元	上帝与缪斯的共舞——中国新诗中的基督性（1917～1949）	基督教文学

七　编　　　　（2021 年 3 月出版）

ISBN：978-986-518-381-3　　　　　　　定价（台币）$22,000 元

册　次	作　者	书　名	学科别 （／表示跨学科）
第 1 册	刘锦玲	爱德华兹的基督教德性观研究	基督教伦理学
第 2 册	黄冠乔	保尔. 克洛岱尔天主教戏剧中的佛教影响研究	宗教比较
第 3 册	宾静	清代禁教时期华籍天主教徒的传教活动（1721～1846）（上）	基督教历史
第 4 册	宾静	清代禁教时期华籍天主教徒的传教活动（1721～1846）（下）	
第 5 册	赵建玲	基督教"山东复兴"运动研究（1927～1937）（上）	基督教历史
第 6 册	赵建玲	基督教"山东复兴"运动研究（1927～1937）（下）	
第 7 册	周浪	由俗入圣：教会权力实践视角下乡村基督徒的宗教虔诚及成长	基督教社会学
第 8 册	查常平	人文学的文化逻辑——形上、艺术、宗教、美学之比较（修订本）（上）	基督教艺术
第 9 册	查常平	人文学的文化逻辑——形上、艺术、宗教、美学之比较（修订本）（下）	

八　编　　　　（2022 年 3 月出版）

ISBN：978-986-404-209-8　　　　　　　定价（台币）$45,000 元

册　次	作　者	书　名	学科别 （／表示跨学科）
第 1 册	查常平	历史与逻辑：逻辑历史学引论（修订本）（上）	历史学
第 2 册	查常平	历史与逻辑：逻辑历史学引论（修订本）（下）	
第 3 册	王澤偉	17～18 世紀初在華耶穌會士的漢字收編: 以馬若瑟《六書實義》為例（上）	语言学
第 4 册	王澤偉	17～18 世紀初在華耶穌會士的漢字收編: 以馬若瑟《六書實義》為例（下）	
第 5 册	刘海玲	沙勿略：天主教东传与东西方文化交流	历史
第 6 册	郑媛元	冠西东来——咸同之际丁韪良在华活动研究	历史

册次	作者	书名	学科别
第 7 册	刘影	基督教慈善与资源动员——以一个城市教会为中心的考察	社会学
第 8 册	陈静	改变与认同：瑞华浸信会与山东地方社会	社会学
第 9 册	孙晨荟	众灵的雅歌——基督宗教音乐研究文集	基督教音乐
第 10 册	曲艺	默默存想，与神同游——基督教艺术研究论文集（上）	基督教艺术
第 11 册	曲艺	默默存想，与神同游——基督教艺术研究论文集（下）	
第 12 册	利瑪竇著、梅謙立漢注 孫旭義、奧覓德、格萊博基譯	《天主實義》漢意英三語對觀（上）	经典译注
第 13 册	利瑪竇著、梅謙立漢注 孫旭義、奧覓德、格萊博基譯	《天主實義》漢意英三語對觀（中）	
第 14 册	利瑪竇著、梅謙立漢注 孫旭義、奧覓德、格萊博基譯	《天主實義》漢意英三語對觀（下）	
第 15 册	刘平	明清民初基督教高等教育空间叙事研究——中国教会大学遗存考（第一卷）（上）	资料汇编
第 16 册	刘平	明清民初基督教高等教育空间叙事研究——中国教会大学遗存考（第一卷）（下）	

九　编　（2023 年 3 月出版）

ISBN：000-000-000-000-0　　　　　　定价（台币）$56,000 元

册　次	作　者	书　名	学科别（／表示跨学科）
第 1 册	郑松	麦格拉思福音派神学思想研究	神学
第 2 册	任一超	心灵改变如何可能？——从康德到齐克果	基督教哲学
第 3 册	劉沐比	論趙雅博基本倫理學和特殊倫理學之串連	基督教伦理学
第 4 册	王务梅	论马丁·布伯的上帝观	基督教与犹太教

第 5 册	肖音	明末吕宋之中西文化交流（上）	教会史
第 6 册	肖音	明末吕宋之中西文化交流（下）	
第 7 册	张德明	基督教五年运动与民国社会（上）	教会史
第 8 册	张德明	基督教五年运动与民国社会（下）	
第 9 册	陈铃	落幕：美国新教在华传教事业的终结（1945 ~ 1952）	教会史
第 10 册	黄畅	全球史视角下基督教在英国殖民统治中的作用——以 1841 ~ 1914 年的香港和约鲁巴兰为例	教会史
第 11 册	杨道圣	言像之辩：基督教的图像与图像中的基督教	基督教艺术
第 12 册	張雅斐	晚清聖經人物漢語傳記研究——以聖經在華接受史的視角	基督教艺术
第 13 册	包兆会	缪斯与上帝的相遇——基督宗教文艺研究论文集	基督教文学
第 14 册	张欣	浪漫的神学：英国基督教浪漫主义略论	基督教文学
第 15 册	刘平	明清民初基督教高等教育空间叙事研究——中国教会大学遗存考（第二卷：福建协和神学院）	资料汇编
第 16 册	刘平、赵曰北主编	传真道于中国——赫士及华北神学院百年纪念文集（第一册）	论文集
第 17 册	刘平、赵曰北主编	传真道于中国——赫士及华北神学院百年纪念文集（第二册）	
第 18 册	刘平、赵曰北主编	传真道于中国——赫士及华北神学院百年纪念文集（第三册）	
第 19 册	刘平、赵曰北主编	传真道于中国——赫士及华北神学院百年纪念文集（第四册）	
第 20 册	刘平、赵曰北主编	传真道于中国——赫士及华北神学院百年纪念文集（第五册）